W0175861

© Verlag Zabert Sandmann GmbH, München
1. Auflage 1998

Fotografie	Susie Eising
Texte und Rezeptbearbeitung	Monika Kellermann
Redaktion	Edelgard Prinz-Korte
Grafische Gestaltung/ Umschlaggestaltung	Zero, München
DTP	Werner Kopp
Herstellung	Karin Mayer; Peter Karg-Cordes
Lithografie	inteca Media Service GmbH, Rosenheim
Druck	Graphischer Großbetrieb Pößneck

ISBN   3-932023-20-X

Alfons Schuhbeck

Meine Lieblings-Kuchen

ZABERT
SANDMANN

Vorwort

Selbstgemachte Dampfnudeln und
Strudel haben in Bayern eine
lange Tradition. Diese Mehlspeisen
kommen mindestens einmal
in der Woche als Hauptmahlzeit
auf den Tisch.
So ist nicht nur das Kochen,
sondern auch das Backen für mich
zu einer großen Leidenschaft
geworden.
Ist es nicht eines der größten
Vergnügen, mit den eigenen
Händen einen Teig zu kneten,
zu sehen, wie er Gestalt annimmt
und wie daraus im Backofen
süße Köstlichkeiten
entstehen?
Aus meiner umfangreichen
Rezeptesammlung habe ich für
Sie die lockersten Gebäcke,
die fruchtigsten Kuchen,
die feinsten Torten und die
zartesten Plätzchen ausgesucht, die
ich am liebsten backe und esse.

Viel Freude beim Backen
wünscht Ihnen
Alfons Schuhbeck

Inhalt

KLEINGEBÄCK

für große und kleine Naschkatzen.

Mandelhippen

ZUTATEN

180 g Zucker, 1 Prise Salz, 1 Msp Zimt, 100 g Eiweiß (von ca. 3 Eiern),
90 g heiße, flüssige Butter, 70 g Mandelblättchen, 90 g Mehl,
flüssige Butter und Mehl für das Blech

1. Den Backofen auf 160°C vorheizen. Zucker, Salz und Zimt in einer Schüssel vermischen und nach und nach das Eiweiß unterrühren. Die flüssige Butter langsam dazugeben und löffelweise das mit Mandeln vermischte Mehl unterrühren.

2. Ein Backblech dünn mit flüssiger Butter bestreichen und mit Mehl bestäuben.

3. Mit einem Löffel kleine Häufchen auf das Blech setzen, mit dem Löffelrücken flach drücken. Dabei den Löffel immer wieder in heißes Wasser tauchen. Zwischen den Plätzchen einen Abstand von mindestens 3 cm lassen. Man kann die Masse auch in selbstgefertigte, vorbereitete Schablonen, z. B. in Blatt- oder Blütenform, auf ein Backblech streichen und die Schablonen danach entfernen.

4. Im heißen Backofen vier bis sechs Minuten goldgelb backen. Das Blech kurz herausnehmen und etwas abkühlen lassen, dann erneut auf die mittlere Schiene des heißen Backofens schieben und so lange backen lassen, bis die Ränder goldbraun sind.

5. Die dünnen Hippenplätzchen sofort mit einer Palette vom Blech nehmen und entweder in eine Form, z. B. in ein Briocheförmchen, drücken und nach etwa eine Minute wieder herausnehmen. Man kann die Hippen aber auch noch heiß über einen Kochlöffelstiel zu einem Hörnchen aufrollen und auskühlen lassen.

Sahnewaffeln

ZUTATEN

75 g Mehl, 25 g Speisestärke, geriebene Muskatnuß, 1 Msp Zimt,
Mark von ½ Vanilleschote, abgeriebene Schale von ½ unbehandelten Orange,
150 g Sahne, 3 Eigelb, 40 g flüssige, leicht gebräunte Butter (Nußbutter),
3 Eiweiß, 1 Prise Salz, 40 g Zucker, Butterschmalz, Puderzucker

1. Mehl und Speisestärke in eine Schüssel sieben und Muskat, Zimt, Vanillemark und Orangenschale untermischen. Sahne und Eigelb mit der flüssigen Butter verquirlen und nach und nach mit der Mehlmischung verrühren, bis ein glatter Teig entsteht.

2. Eiweiß mit Salz und Zucker steif schlagen. Ein Drittel davon unter den Teig rühren, den Rest locker und gleichmäßig unterziehen.

3. Das Waffeleisen vorheizen und die beiden Backflächen mit etwas flüssigem Butterschmalz einfetten.

4. 2 bis 3 EL von der Waffelmasse in die Mitte geben, mit einer Palette ein wenig verstreichen und das Waffeleisen schließen. Bei mittlerer Hitze so lange backen, bis die Waffeln goldbraun und knusprig sind.

5. Auf diese Weise alle Waffeln backen, mit Puderzucker bestäuben und am besten lauwarm genießen.

SCHUHBECKS TIP

Köstlich schmecken Waffeln auch, wenn man sie mit flüssiger Schokolade beträufelt und in die Mitte einen Klecks geschlagene Sahne setzt oder sie mit Eis oder roter Grütze belegt.
Probieren Sie einmal eine Waffeltorte: Hierzu 4 bis 5 Waffeln jeweils dick mit Erdbeer- oder Nußsahne bespritzen und zusammensetzen. Die Oberfläche dekorativ garnieren und sofort servieren.

Strauben

ZUTATEN

⅛ l Milch, ⅛ l Wasser, 100 g Butter, 1 EL Zucker, 1 Prise Salz, 150 g Mehl,
5 Eier, Butterschmalz zum Ausbacken, Puderzucker

1. Milch, Wasser, Butter, Zucker und Salz in einen Topf geben und miteinander aufkochen lassen. Das gesiebte Mehl auf einmal hineinschütten und rasch mit einem Holzkochlöffel „abbrennen", das heißt, unter kräftigem Rühren bildet sich ein glatter, runder Kloß und am Topfboden setzt sich ein weißer Belag ab.

2. Die Masse in eine Schüssel geben und sofort ein Ei unterrühren. Das nächste Ei erst dann hinzufügen, wenn der Teig wieder glatt und geschmeidig ist. Auf diese Weise alle Eier nacheinander einarbeiten.

3. Das Schmalz in einer Friteuse auf 180° C erhitzen. Den Brandteig in einen Spritzbeutel mit großer Sterntülle füllen. Backpapier in Quadrate von etwa 10 x 10 cm schneiden und dicke Ringe darauf spritzen.

4. Mit dem Backpapier nach oben in das heiße Fett legen, kurz anbacken lassen, dann das Papier abziehen und die Strauben goldbraun backen. Man kann die Ringe aber auch im 200° C heißen Backofen in etwa 15 Minuten goldbraun backen.

5. Die Ringe aus dem Fettbad mit einem Schaumlöffel herausheben und auf Küchenpapier abfetten lassen. Mit Puderzucker bestäuben.

SCHUHBECKS TIP

Strauben heißt in Süddeutschland das Spritzgebäck aus Brandteig, das in heißem Fett ringförmig ausgebacken wird. In Bayern wird dazu Butterschmalz, kein Öl verwendet.

Marmormuffins

ZUTATEN

220 g Mehl, 1 gehäufter EL Backpulver, 160 g weiche Butter, 160 g Zucker, ausgekratztes Mark von 1 Vanilleschote, 1 Ei, 250 g Joghurt, 150 geschälte, geriebene Mandeln, 20 g Kakao, 50 ml Milch, Butter zum Einfetten der Muffinförmchen, Puderzucker zum Bestäuben

1. Den Backofen auf 175°C vorheizen. Mehl und Backpulver miteinander vermischen. Butter mit Zucker und Vanillemark cremig rühren, das Ei hinzufügen und so lange schlagen, bis die Masse dickschaumig ist. Nach und nach den Joghurt, die Mehlmischung und die Mandeln unterrühren.

2. Ein Drittel der Masse in eine zweite Schüssel geben. Kakao mit Milch verquirlen und unterrühren.

3. Die Vertiefungen einer Muffinform mit Butter ausfetten und in jede Vertiefung abwechselnd den hellen und den dunklen Teig einfüllen. Eine Kuchengabel einige Male spiralenförmig durch beide Teige ziehen.

4. Auf der mittlerene Schiene des Backofens in etwa 25 Minuten goldbraun backen.

5. Die Muffins aus der Form stürzen und auf einem Kuchengitter abkühlen lassen. Mit Puderzucker bestäuben.

SCHUHBECKS TIP

Falls Sie keine Muffinform besitzen, können Sie auch Papier-Backförmchen mit einem Durchmesser von etwa 5 cm verwenden. Dann am besten jeweils zwei ineinanderstellen.

Stachelbeer-Muffins

ZUTATEN

220 g Mehl, 1 gehäufter EL Backpulver, 160 g weiche Butter, 160 g Zucker,
ausgekratztes Mark von 1 Vanilleschote, 1 Ei, 250 g Joghurt,
150 g gut abgetropfte Stachelbeeren aus dem Glas, 2 EL Rum

1. Backofen auf 175° C vorheizen.

2. Den Teig auf die gleiche Weise wie im nebenstehenden Rezept beschrieben zubereiten, lediglich anstelle der Mandeln die abgetropften Stachelbeeren untermischen. (Je nach Jahreszeit kann man auch frische Johannisbeeren oder entsteinte Kirschen verwenden.)

3. Die Muffins in etwa 25 Minuten goldbraun backen und noch heiß mit etwas Rum beträufeln.

Dattel-Kokos-Muffins

ZUTATEN

220 g Mehl, 1 gehäufter EL Backpulver, 160 g weiche Butter, 160 g Zucker,
ausgekratztes Mark von 1 Vanilleschote, 1 Ei, 250 g Joghurt,
50 g Kokosraspeln, 250 g frische Datteln, Puderzucker zum Bestäuben

1. Backofen auf 175° C vorheizen.

2. Den Teig auf die gleiche Weise wie im nebenstehenden Rezept beschrieben zubereiten, aber statt der Mandeln die Kokosraspeln unterrühren.

3. Die Datteln schälen, halbieren, entkernen und quer in feine Streifen schneiden. Unter den Teig mischen und in 25 Minuten goldbraun backen.

4. Mit Puderzucker bestäuben.

Apfeltaschen aus Quarkblätterteig

ZUTATEN

Für den Quarkblätterteig: 350 g Mehl, 1 EL Backpulver, 1 Prise Salz,
350 g Topfen oder Magerquark, 350 g eiskalte Butter

Für die Füllung: 1 kg aromatische Äpfel (z. B. Boskop), 40 g Butter,
50 g Zucker, 1 Msp Vanillemark, 1 Msp Zimt,
Saft und Schale von ½ unbehandelten Zitrone

Außerdem: Mehl zum Ausrollen, 1 Eiweiß, 1 Eigelb, 3 EL Sahne,
100 g Aprikosenkonfitüre, 1 EL Aprikosengeist

1. Mehl, Backpulver und Salz auf ein Backbrett sieben. In die Mitte eine Mulde drücken und den Quark hineingeben. Die Butter in kleinen Stükken darüber verteilen. Mit einem großen Messer alles zerhacken und rasch zu einem glatten Teig kneten.

2. Auf einer bemehlten Arbeitsfläche zu einem gut 1 cm dicken Rechteck ausrollen, die Schmalseiten zur Mitte hin einschlagen, nochmals übereinanderschlagen. Erneut ausrollen und noch einmal auf die gleiche Weise zusammenfalten. Den Teig in Alufolie wickeln und über Nacht im Kühlschrank ruhen lassen.

3. Für die Füllung die Äpfel schälen, vierteln, entkernen und in Würfel schneiden. Butter aufschäumen lassen und die Apfelwürfel, Zucker, Vanillemark, Zimt, Zitronensaft und -schale dazugeben. Bißfest garen. Auf einem Sieb abtropfen und abkühlen lassen. Backofen auf 200°C vorheizen.

4. Den Quarkblätterteig auf einer bemehlten Arbeitfläche etwa 3 mm dick ausrollen und Kreise von 10 bis 12 cm Durchmesser ausstechen. Die Ränder mit Eiweiß bestreichen, die Apfelfüllung auf eine Hälfte geben und die andere Hälfte des Teiges darüber schlagen. Die Ränder gut andrücken. Eigelb und Sahne verquirlen und die Taschen damit bestreichen.

5. Auf ein gefettetes Blech legen und im Backofen in etwa 20 Minuten goldbraun backen. Aprikosenkonfitüre mit 2 EL Wasser und Aprikosengeist erhitzen und die heißen Taschen damit glasieren.

Mohrenköpfe mit Schokomokkafüllung

ZUTATEN

Für die Füllung: 300 g Sahne, 100 g Mokkaschokolade
Für die Teigmasse: 4 Eigelb, 50 g Speisestärke, ausgekratztes Mark von
1 Vanilleschote, 5 Eiweiß, 70 g Zucker, 50 g Mehl
Außerdem: 100 g Aprikosenkonfitüre, 1 EL Aprikosengeist,
200 g dunkle Kuvertüre

1. Am Vortag für die Füllung die Sahne aufkochen lassen, von der Kochplatte nehmen und die kleingehackte Schokolade darin unter Rühren schmelzen lassen. Mit einem Stabmixer kräftig durchrühren und zugedeckt über Nacht in den Kühlschrank stellen.

2. Für die Mohrenköpfe Eigelb mit zwei Dritteln der Speisestärke und dem Vanillemark glattrühren. Den Backofen auf 170° C vorheizen.

3. Eiweiß mit Zucker zu schnittfestem Schnee schlagen. Ein Drittel davon unter die Eigelbmasse rühren. Das Mehl darübersieben, den restlichen Eischnee darauf häufen und locker und gleichmäßig vermischen.

4. Die Masse in einen Spritzbeutel mit einer glatten Lochtülle von 1 cm Durchmesser füllen und Tupfen von 3 bis 4 cm Durchmesser auf ein mit Backpapier ausgelegtes Blech spritzen. Im heißen Backofen bei leicht geöffneter Backofentür 15 bis 20 Minuten backen.

5. Die Mohrenköpfe abkühlen lassen. Dann die Unterseiten mit einem kleinen Messer ein wenig aushöhlen und mit der gewölbten Seite nach oben auf ein Küchengitter setzen.

6. Aprikosenkonfitüre mit 2 EL Wasser und Aprikosengeist erhitzen und das Gebäck damit bestreichen. Die Kuvertüre im Wasserbad schmelzen lassen, die Mohrenköpfe damit überziehen und erstarren lassen.

7. Die Schokoladensahne mit einem Schneebesen cremig aufschlagen und mit Hilfe eines Spritzbeutels in die Vertiefungen spritzen. Jeweils zwei gefüllte Hälften zusammensetzen.

Nußhörnchen aus kaltem Hefeteig

ZUTATEN

Für den Teig: 500 g Mehl, 1 Prise Salz, ausgekratztes Mark von
1 Vanilleschote, 20 g Hefe, 2 EL Milch, 1 EL Zucker, 400 g Butter, 4 Eigelb

Für die Füllung: 200 g gemahlene Haselnüsse, 50 ml Milch, 100 g Zucker,
Mark von ½ Vanilleschote, 1 Msp Zimt, 1 TL abgeriebene, unbehandelte
Orangenschale, 50 g Biskuitbrösel, 1 Eiweiß, 2 EL Rum, Puderzucker

1. Mehl, Salz und Vanillemark in einer Schüssel vermischen. Die Hefe mit der lauwarmen Milch und dem Zucker verrühren und in die Mitte geben. Die kleingeschnittene Butter und das Eigelb dazugeben und rasch mit möglichst kalten Händen zu einem glatten Teig verkneten. In Folie wickeln und 2 bis 3 Stunden in den Kühlschrank legen.

2. Für die Füllung die Haselnüsse im heißen Backofen goldbraun rösten und die dünne braune Haut abreiben. Abkühlen lassen und fein reiben. Milch mit Zucker, Vanillemark, Zimt und Orangenschale aufkochen lassen, dann die Nüsse und die Biskuitbrösel unterrühren. Zum Schluß das Eiweiß und den Rum hinzufügen. Den Backofen auf 180°C vorheizen.

3. Den kalten Hefeteig 3 bis 4 mm dick ausrollen und Dreiecke von 8 cm Seitenlänge ausschneiden.

4. Etwas von der Füllung auf die Dreiecke streichen, dabei aber rundherum einen kleinen Rand lassen. Zu Hörnchen aufrollen und auf ein mit Backpapier ausgelegtes Blech legen.

5. Im heißen Backofen in etwa 20 bis 25 Minuten goldgelb backen. Auf einem Kuchengitter abkühlen lassen und mit Puderzucker bestäuben.

Biskuitomelett mit Orangencreme

ZUTATEN

Für die Füllung: 2 Blatt weiße Gelatine, 4 cl Orangenlikör, 350 g Schmand, abgeriebene Schale von ½ unbehandelten Orange, 150 g Sahne, 70 g Zucker, 2 Orangen, 1 EL Puderzucker, 1 EL Orangenlikör

Für den Biskuit: 3 Eigelb, abgeriebene Schale von ½ Zitrone, ausgekratztes Mark von 1 Vanilleschote, 100 g Zucker, 6 Eiweiß, 1 Prise Salz, 40 g Mehl, 40 g heiße Nußbutter (gebräunte Butter), Puderzucker zum Bestäuben

1. Orangenlikör erhitzen und die eingeweichten, ausgedrückten Gelatineblätter darin auflösen. Erst einen Löffel Schmand unterrühren, dann den restlichen Schmand und die Orangenschale untermischen.

2. Die Sahne mit Zucker steif schlagen und unter die zu gelieren beginnende Creme ziehen. Kalt stellen.

3. Die Orangen so dick schälen, daß die weiße Haut völlig entfernt ist. Die Fruchtspalten aus den Trennhäuten lösen, mit Puderzucker bestäuben und mit Orangenlikör beträufeln. Mindestens 15 Minuten marinieren lassen.

4. Backofen auf 200°C vorheizen. Eigelb, Zitronenschale, Vanillemark und 1 EL Zucker schaumig schlagen. Das Eiweiß mit dem restlichen Zucker und Salz steif schlagen und ein

Drittel davon unter die Eigelbmasse ziehen. Den restlichen Eischnee darauf häufen, das Mehl darübersieben und miteinander vermischen. Die heiße, flüssige Butter unterziehen.

5. Zwei Backbleche mit Backpapier auslegen, dabei auf der Unterseite drei Kreise im Durchmesser von 16 cm markieren. Die Biskuitmasse in einen Spritzbeutel mit Lochtülle füllen und spiralenförmig von außen nach innen auf die vorgezeichneten Kreise spritzen. Nacheinander in etwa 6 Minuten goldgelb backen.

6. Abkühlen lassen und das Papier abziehen. Die Orangencreme in einen Spritzbeutel füllen und die Omeletts damit bespritzen. Mit Orangenfilets garnieren und halbmondförmig zusammenklappen. Mit Puderzucker bestäuben.

Dukatenbuchteln

ZUTATEN

Für den Hefeteig: 500 g Mehl, 40 g Hefe, 100 ml lauwarme Milch,
4 Eier, 30 g Zucker, 10 g Salz, ausgekratztes Mark von 1 Vanilleschote,
1 TL abgeriebene Zitronenschale, 125 g Butter

Außerdem: 100 g Butter, 75 ml Milch, 150 g Powidl (Zwetschgenmus),
2 cl Rum, Puderzucker zum Bestäuben

1. Das Mehl in eine Schüssel sieben und in die Mitte eine Mulde drücken. Die Hefe in die Milch bröckeln, darin auflösen und mit den Eiern unter das Mehl rühren. Zucker, Salz, Vanillemark und Zitronenschale sowie die weiche Butter dazugeben und mit den Knethaken einer Küchenmaschine so lange durchkneten, bis ein glatter Teig entsteht, der Blasen wirft. Mit einem feuchten Tuch bedeckt an einem warmen Platz etwa 30 Minuten gehen lassen. Dann mit einem Kochlöffel durchschlagen und zugedeckt über Nacht kühl stellen.

2. Eine Auflaufform dick mit Butter einfetten und die Milch hineingießen. Powidl mit Rum verrühren.

3. Den Teig kräftig durchschlagen, vierteln und etwa 15 Minuten kühl stellen. Dann jeweils eine Teigportion auf der bemehlten Arbeitsfläche ½ cm dick ausrollen und Kreise im Durchmesser von 3 cm ausstechen. Jeweils in die Mitte etwas Zwetschgenmus geben und die Teigränder darüberschlagen. Zu Kugeln formen und in die Auflaufform setzen. Mit einem Tuch bedeckt noch einmal etwa 15 Minuten gehen lassen. Den Backofen auf 180°C vorheizen.

4. Die Dukatenbuchteln auf der mittleren Schiene des Backofens in etwa 20 Minuten goldbraun backen.

5. Mit Puderzucker bestäuben und lauwarm servieren. Dazu paßt Vanilleeis oder Rumsahne.

Brioches

ZUTATEN

Für den Hefeteig: 40 g Hefe, 100 ml lauwarme Milch,
500 g Mehl, 2 cl Rum, 3 Eier, 1 Eigelb, 10 g Salz, 15 g Zucker,
125 g weiche Butter

Außerdem: Butter und Mehl für die Förmchen, Eigelb,
2–3 EL Sahne

1. Die Hefe zerbröckeln und mit der lauwarmen Milch verrühren. Das Mehl in eine Schüssel sieben und die Hefemilch, Rum, Eier, Eigelb, Salz, Zucker und die weiche Butter dazugeben. Mit den Knethaken einer Küchenmaschine zu einem glatten Teig verkneten. Mit einem feuchten Tuch bedecken und über Nacht in den Kühlschrank stellen.

2. Am nächsten Tag kurz durchkneten und bei Zimmertemperatur etwa 30 Minuten gehen lassen.

3. Erneut kräftig durchschlagen und 10 größere und 10 kleine, etwa murmelgroße Kugeln formen. Briocheförmchen mit Butter einfetten und mit Mehl ausstäuben. Die größeren Kugeln in die Formen geben und die kleineren jeweils in die Mitte setzen. Mit einem Tuch bedeckt an einem warmen Platz so lange gehen lassen, bis sie etwa doppelt so groß sind.

4. Den Backofen auf 180°C vorheizen. Eigelb und Sahne verquirlen und die Oberfläche der Brioches damit bestreichen. Auf der mittleren Schiene des Backofens in 15 Minuten goldbraun backen. Dabei 50 ml Wasser auf den Ofenboden gießen und die Backofentür sofort schließen, damit der Dampf nicht entweichen kann.

5. Die Brioches 5 Minuten in den Formen ruhen lassen, dann auf ein Kuchengitter stürzen. Lauwarm schmecken die Brioches am besten.

Hefeschnecken

ZUTATEN

Für den Teig: 500 g Mehl, 40 g Hefe, ¼ l lauwarme Milch, 60 g Zucker,
1 Prise Salz, 1 TL abgeriebene unbehandelte Zitronenschale, 60 g Butter

Für die Füllung: 280 g Marzipanrohmasse, 50 g Sahne, 2 EL Rum, 1 Ei,
80 g gemahlene Mandeln, Mark von 1 Vanilleschote, 1 Msp Zimt

Außerdem: 1 Eigelb, 3 EL Milch, 150 g Rosinen, 200 g Aprikosenkonfitüre,
1 EL Zitronensaft, 2 EL Aprikosengeist

1. Das Mehl in eine Schüssel sieben und in die Mitte eine Mulde drücken. Die zerbröckelte Hefe in der Milch auflösen und in die Mulde gießen. Mit Zucker bestreuen, mit etwas Mehl verquirlen und zugedeckt an einem warmen Platz etwa 15 Minuten gehen lassen.

2. Salz, Zitronenschale und Butter dazugeben und mit den Knethaken einer Küchenmaschine zu einem glatten Teig verkneten. Zugedeckt weitere 30 Minuten gehen lassen. Erneut kurz durchkneten und auf einer bemehlten Arbeitfläche zu einem Rechteck von 30 x 40 cm ausrollen.

3. Für die Füllung das Marzipan mit den übrigen Zutaten zu einer glatten Masse verrühren und gleichmäßig auf der Teigplatte verstreichen. Dabei an einer Längskante einen 2 bis 3 cm breiten Rand lassen. Eigelb und Milch verquirlen und mit einem Teil davon den Rand bestreichen. Backofen auf 180°C vorheizen.

4. Die Rosinen auf der Marzipanmasse verteilen und zur bestrichenen Teigkante hin aufrollen. Mit einem scharfen Messer etwa 20 dickere Scheiben abschneiden und auf ein mit Backpapier ausgelegtes Backblech legen. Mit der restlichen Eiermilch bestreichen und im heißen Backofen in etwa 20 Minuten goldbraun backen.

5. Die Aprikosenkonfitüre mit 2 EL Wasser und Zitronensaft aufkochen und mit dem Stabmixer pürieren, dabei den Aprikosengeist dazugeben. Die heißen Hefeschnecken damit glasieren.

Haselnuß-Blätterteigstangen

ZUTATEN

300 g Blätterteig, 150 g Haselnüsse, 60 g Marzipan, 1 Eiweiß,
1 Msp Zimt, 1 Eigelb, 2 EL Milch, Puderzucker zum Bestäuben

1. Den Blätterteig zu einem Rechteck ausrollen. Den Backofen auf 220° C vorheizen.

2. Haselnüsse im heißen Backofen rösten, die braune Schale abreiben und abkühlen lassen. Eine Hälfte fein zerkleinern, die andere grob hacken. Marzipan zerdrücken und Eiweiß, gemahlene Nüsse und Zimt unterrühren. Die Masse auf die Hälfte der Blätterteigplatte streichen, die andere Hälfte darüberschlagen und in 1½ cm breite Streifen schneiden. Eigelb und Milch vermischen und damit bestreichen. Mit den gehackten Nüssen bestreuen.

3. Um die eigene Achse zu Spiralen drehen. Auf einem mit Backpapier ausgelegten Backblech in etwa 15 Minuten goldbraun backen. Mit Puderzucker bestäuben.

Schweinsohren mit Mandeln

ZUTATEN

180 g Zucker, 600 g Blätterteig, 70 g geschälte, geriebene Mandeln

1. Den Zucker auf die Arbeitsfläche streuen und den Blätterteig darauf zu einem 3 mm dicken Rechteck mit einer Schmalseite von 25 cm ausrollen. Den Teig während des Ausrollens öfter wenden, damit der Zucker gut in den Teig eingearbeitet wird. Den Backofen auf 220° C vorheizen.

2. Die Oberfläche mit Mandeln bestreuen und von den Schmalseiten her zwei Mal zur Mitte hin einschlagen. In Scheiben schneiden und auf das mit Backpapier ausgelegte Backblech legen. 15 Minuten kalt stellen, dann 15 Minuten backen und dabei zwischendurch einmal wenden.

Scherbengebäck

ZUTATEN

375 g Mehl, 75 g kalte Butter (in kleine Stücke geschnitten), 1 Prise Salz,
1 Msp Vanillemark, 1 TL abgeriebene unbehandelte Zitronenschale,
1 Ei, 1 Eigelb, 100 g saure Sahne, Butterschmalz zum Ausbacken, Puderzucker

1. Alle Zutaten rasch zu einem glatten Teig verarbeiten. In Folie wickeln und mindestens 30 Minuten im Kühlschrank ruhen lassen.

2. Den Teig auf einer bemehlten Arbeitsfläche 3 mm dick ausrollen. Mit einem Teigrädchen Rauten mit einer Seitenlänge von 5 cm ausschneiden.

3. Das Butterschmalz in einer Friteuse auf 180°C erhitzen und die Rauten portionsweise darin goldgelb ausbacken.

4. Mit einem Schaumlöffel herausheben, auf Küchenpapier abtropfen lassen und das Gebäck mit Puderzucker bestäuben.

Gebackene Holunderblüten

ZUTATEN

100 g Mehl, 150 ml Milch, 2 EL Keimöl, 2 Eigelb, Mark von ½ Vanilleschote,
1 TL abgeriebene Zitronenschale, 2 Eiweiß, 1 Prise Salz, 1 EL Zucker,
Butterschmalz zum Ausbacken, 16 Holunderblüten, Puderzucker

1. Mehl, Milch, Öl, Eigelb, Vanillemark und Zitronenschale zu einem glatten Teig verrühren. Eiweiß mit Salz und Zucker steif schlagen und unterziehen.

2. Butterschmalz in einer Friteuse auf 180°C erhitzen.

3. Die gewaschenen und abgetropften Holunderblüten durch den Teig ziehen und portionsweise im heißen Fett ausbacken.

4. Auf Küchenpapier abtropfen lassen und mit Puderzucker bestäuben.

FRUCHTIGE KUCHEN

Von Äpfeln bis Zwetschgen: der Belag bringt's.

Rhabarber-Grieß-Strudel

ZUTATEN

Für den Strudelteig: 250 g Mehl, 1 Prise Salz, 2 EL Öl,
1 EL Weißweinessig, ca. 100 ml lauwarmes Wasser, Öl zum Besteichen

Für die Füllung: 300 g Rhabarber, 220 g Grieß, 100 g Butter, 1 Prise Salz,
5 Eigelb, 5 Eiweiß, 180 g Zucker, 250 g Sahne,
flüssige Butter zum Bestreichen, Puderzucker zum Bestäuben

1. Alle angegebenen Zutaten zu einem glatten, elastischen Strudelteig verkneten. Mit Öl bestreichen und in Frischhaltefolie wickeln. Mindestens 30 Minuten ruhen lassen.

2. Für die Füllung die Rhabarberstangen schälen und in kleine Stücke schneiden. Den Grieß in einer Pfanne ohne Fett hellgelb anrösten.

3. Die weiche Butter mit Salz cremig rühren und nach und nach das Eigelb dazugeben. So lange rühren, bis eine helle, schaumige Masse entsteht. Eiweiß mit Zucker zu steifem Schnee schlagen. Den etwas abgekühlten Grieß und die Sahne unter die Eigelbmasse rühren und zum Schluß den Eischnee unterziehen.

4. Den Backofen auf 200° C vorheizen. Den Strudelteig auf einem leicht bemehlten Tuch zu einem Rechteck ausrollen. Dann vorsichtig über den Handrücken nach allen Seiten hauchdünn ausziehen. Mit flüssiger Butter bestreichen und die Grieß-Rhabarber-Masse entlang einer Längsseite häufen. Den Strudel mit Hilfe des Tuches aufrollen und auf ein gefettetes Backblech gleiten lassen.

5. Die Enden gut festdrücken und den Strudel mit flüssiger Butter bestreichen. Im Backofen auf der mittleren Schiene etwa 25 Minuten backen.

Strudel mit Heidelbeerfüllung

ZUTATEN

Für die Füllung: 100 g geröstete Kokosraspeln, 100 g Kuchenbrösel,
80 g Zucker, 1 Prise Zimt, 1 Prise gemahlener Koriander,
1 TL abgeriebene unbehandelte Zitronenschale, 1 kg frische Heidelbeeren

Außerdem: flüssige Butter zum Bestreichen, Puderzucker zum Bestäuben

1. Einen Strudelteig nach nebenstehendem Rezept zubereiten, ruhen lassen und dünn ausziehen.

2. Für die Füllung die Kokosrapseln mit Kuchenbröseln, Zucker, Zimt, Koriander und Zitronenschale vermischen und das mit flüssiger Butter bestrichene Strudelblatt damit bestreuen.

3. Die gewaschenen Heidelbeeren darauf verteilen und den Strudel mit Hilfe des Tuches aufrollen. Auf ein gefettetes Backblech gleiten lassen und mit flüssiger Butter bestreichen.

4. Im Backofen bei 200°C in etwa 25 Minuten goldbraun backen. Mit Puderzucker bestäuben.

Strudel mit Aprikosen-Mohn-Füllung

ZUTATEN

Für die Füllung: 200 g Marzipanrohmasse, 2 EL gemahlener Mohn, 3 Eigelb,
50 g Sahne, 1 Msp Zimt, 1,5 kg Aprikosen, 3 Eiweiß, 50 g Zucker

Außerdem: flüssige Butter zum Bestreichen, Puderzucker zum Bestäuben

1. Einen Strudelteig nach nebenstehendem Rezept zubereiten, ruhen lassen und dünn ausziehen.

2. Marzipan mit Mohn, Eigelb, Sahne und Zimt zu einer glatten Creme verrühren.

3. Aprikosen waschen, halbieren, entsteinen und in Spalten schneiden. Eiweiß mit Zucker steif schlagen und unter die Marzipancreme rühren, den Rest mit den Früchten unterheben. Den Strudel wie im nebenstehenden Rezept damit füllen und backen.

Topfenschnitten mit Kirschen

ZUTATEN

Für den Teig: 400 g Mehl, ½ TL Backpulver, 1 Prise Salz, 150 g Zucker,
1 Ei, 200 g Butter

Für den Belag: 750 g Herzkirschen, 2 cl Kirschwasser, 750 g Schichtkäse,
150 g Zucker, 1 Päckchen Vanillepuddingpulver, 2 Eier, 125 g Sahne,
150 g Mandelstifte, Butter für das Blech, Puderzucker zum Bestäuben

1. Mehl, Backpulver, Salz und Zucker auf eine Arbeitsfläche häufen, in die Mitte eine Mulde drücken und das Ei hineingeben. Die kalte Butter in kleinen Stücken darüber verteilen. Erst mit einem großen Messer, dann mit den Händen rasch zu einem glatten Teig verkneten. In Folie gewickelt mindestens 30 Minuten kalt stellen.

2. Die Kirschen entsteinen und mit Kirschwasser beträufelt etwa 30 Minuten marinieren.

3. Schichtkäse mit Zucker und Puddingpulver verrühren und nach und nach die Eier, Sahne und 100 g Mandelstifte unterrühren. Den Backofen auf 200° C vorheizen.

4. Den Mürbeteig auf einer bemehlten Arbeitsfläche in Größe des Backbleches ausrollen und mit Hilfe des Nudelholzes auf das gefettete Blech legen. Die Teigplatte mit einer Gabel mehrmals einstechen.

5. Die Schichtkäsemasse darauf geben, die Oberfläche glattstreichen und die Kirschen darauf verteilen. Mit den restlichen Mandelstiften bestreuen. Auf der mittleren Schiene des Backofens etwa 35 Minuten backen.

SCHUHBECKS TIP

Als Variante kann man auch kleine Apfelwürfel und Rosinen unter den Teig mischen oder die Schichtkäsemasse mit Aprikosenvierteln belegen.

Versunkener Kirschkuchen

ZUTATEN

Für den Teig: 140 g Butter, 140 g Zucker, ausgekratztes Mark von
1 Vanilleschote, 4 Eigelb, 80 g grobgeraspelte Zartbitterkuvertüre,
50 g Semmelbrösel, 150 g geriebene Haselnüsse, 4 Eiweiß, 1 Prise Salz

Außerdem: 500 g Sauerkirschen, 50 g Aprikosenkonfitüre,
30 g geröstete Mandelblättchen, Butter für die Form

1. Die weiche Butter mit der Hälfte des Zuckers und mit dem Vanillemark cremig rühren. Nach und nach das Eigelb dazugeben und schaumig schlagen.

2. Backofen auf 175° C vorheizen. Kuvertüre, Semmelbrösel und Nüsse vermischen. Die Kirschen entsteinen.

3. Eiweiß mit Salz und dem restlichen Zucker steif schlagen und zur Schaummasse geben. Die Bröselmischung darüber verteilen und alles locker und gleichmäßig miteinander vermischen.

4. Eine Springform mit Butter einfetten und die Masse einfüllen. Die Oberfläche glattstreichen, die Kirschen darüber verteilen und ganz leicht in den Teig drücken. Auf der mittleren Schiene des Backofens 40 bis 45 Minuten backen.

5. Den Kuchen auf einem Kuchengitter abkühlen lassen. Die Aprikosenkonfitüre mit 2 EL Wasser erhitzen und mit dem Stabmixer glattrühren. Den heißen Kuchen damit glasieren und mit den gerösteten Mandelblättchen bestreuen.

SCHUHBECKS TIP

*Am besten schmeckt der saftige
Kirschkuchen lauwarm.
Sehr gut paßt dazu steifgeschlagene,
mit Kirschlikör verfeinerte Sahne.
Wer's nicht so säuerlich mag, nimmt
anstelle der Sauerkirschen süße
Herzkirschen.*

Zwetschgendatschi

ZUTATEN

Für den Teig: 300 g Mehl, 1 TL Backpulver, 100 g Puderzucker,
1 Prise Salz, 200 g Butter, 1 Eigelb

Zum Belegen: 2 kg Zwetschgen, 50 g Biskuitbrösel, 60 g Zucker, 1 TL Zimt

Außerdem: Mehl zum Ausrollen, Butter für das Backblech

1. Mehl, Backpulver, Puderzucker und Salz auf eine Arbeitsfläche sieben. Die eiskalte Butter in kleinen Stücken darüber verteilen, das Eigelb dazugeben und alles mit einem großen Messer zerhacken. Dann rasch, mit möglichst kalten Händen zu einem glatten Teig verkneten. In Folie gewickelt mindestens 30 Minuten im Kühlschrank ruhen lassen.

2. Die Zwetschgen waschen, halbieren und entsteinen. Jede Hälfte der Zwetschgen der Länge nach noch einmal bis etwa zur Hälfte einschneiden.

3. Den Backofen auf 180°C vorheizen. Den Teig auf einer bemehlten Arbeitsfläche auf Backblechgröße ausrollen und mit Hilfe des Nudelholzes auf das Blech gleiten lassen. Die Ränder etwas hoch drücken. Mit den Biskuitbröseln bestreuen und dicht mit den Zwetschgenhälften belegen.

4. Mit einer Mischung aus Zucker und Zimt bestreuen und auf der untersten Schiene des Backofens etwa 30 bis 35 Minuten backen.

5. Lauwarm mit steifgeschlagener Sahne zu Kaffee servieren.

Pfirsich-Wähe

ZUTATEN

Für den Hefeteig: 100 ml Milch, 20 g Hefe, 250 g Mehl, 30 g Zucker,
2 Eigelb, 1 Prise Salz, 60 g Butter, Butter für die Form

Für den Belag: 800 g Pfirsiche, 200 g Sahne, 3 Eier, 40 g Zucker,
ausgekratztes Mark von 1 Vanilleschote, 2 cl Pfirsichlikör, 50 g Mandelstifte,
Puderzucker

1. Die Milch handwarm erwärmen und die Hefe darin auflösen.

2. Mehl, Zucker und Eigelb in eine Schüssel geben und die Hefemilch unterrühren. Zum Schluß das Salz und die Butter dazugeben und kräftig durchschlagen. Zugedeckt an einem warmen Ort aufgehen lassen, bis sich der Teig etwa verdoppelt hat.

3. Den Backofen auf 180° C vorheizen. Eine Wähen- oder Pizzaform mit Butter ausfetten.

4. Den Teig auf einer bemehlten Arbeitsfläche auf die Größe der Backform ausrollen und den Boden und Rand der Form damit auskleiden.

5. Die Pfirsiche kurz in kochendes Wasser tauchen, häuten, halbieren und entkernen. Die Fruchthälften in dünne Spalten schneiden und den Teig damit kreisförmig belegen.

6. Die Sahne mit Eiern, Zucker und ausgekratztem Vanillemark gründlich verquirlen und mit Pfirsichlikör abschmecken. Den Eierguß gleichmäßig über die Früchte gießen und mit Mandelstiften bestreuen. Auf der mittleren Schiene des Backofens etwa 40 Minuten backen. Mit Puderzucker bestäuben und lauwarm genießen.

SCHUHBECKS TIP

Die Wähe kann man auch mit Apfel- und Birnenspalten, mit Aprikosenhälften oder mit entsteinten Süß- oder Sauerkirschen belegen.

Apfel-Biskuitroulade

ZUTATEN

Für die Biskuitmasse: 1 Apfel, Saft von ½ Zitrone, 4 Eigelb, 60 g Zucker,
1 Prise Salz, ½ TL abgeriebene, ungehandelte Zitronenschale,
60 g Mehl, 1 EL Grieß, 3 Eiweiß

Für die Füllung: 500 g Sahne, 50 g Zucker, 3 rotbackige Äpfel, 2 Blatt weiße
Gelatine, Saft von ½ Zitrone, 2 EL Puderzucker, ½ TL Zimt

1. Den Apfel schälen, grob raspeln und mit Zitrone beträufeln. Backofen auf 180° C vorheizen.

2. Eigelb mit 20 g Zucker, Salz und Zitronenschale schaumig schlagen. Das Mehl sieben und mit Grieß vermischen.

3. Eiweiß mit restlichem Zucker steif schlagen und zur Eigelbmasse geben. Die Mehl-Grieß-Mischung darüber verteilen und locker und gleichmäßig untermischen. Zum Schluß den geraspelten Apfel unterheben und die Masse auf ein mit Backpapier belegtes Bachblech streichen. Auf der mittleren Schiene des heißen Backofens in 20 bis 25 Minuten goldgelb backen. Auf ein mit Zucker bestreutes Tuch stürzen und abkühlen lassen.

4. Sahne mit Zucker steif schlagen. Ein Drittel abnehmen und in einen Spritzbeutel mit Lochtülle füllen.

5. Die Äpfel waschen und mit der Schale grob raspeln. Die Gelatine in kaltem Wasser einweichen. Zitronensaft erhitzen und die ausgedrückte Gelatine darin auflösen. Etwas von der Sahne mit der flüssigen Gelatine verrühren, dann unter die Sahne rühren und die Apfelraspel untermischen. Die Apfelsahne auf die Biskuitplatte streichen, aufrollen und mit einer Mischung aus Puderzucker und Zimt bestäuben. Die Roulade mit der restlichen Sahne im Spritzbeutel und eventuell mit dünnen Apfelspalten garnieren.

Apfel-Streuselkuchen

ZUTATEN

Für den Belag: 2 kg aromatische Äpfel (z. B. Boskop), Saft von 1 Zitrone, 50 g Zucker, ½ TL Zimt

Für die Streusel: 150 g Mehl, 120 g Zucker, 1 Prise Salz, ½ TL abgeriebene Zitronenschale, 1 Msp Zimt, 120 g flüssige Butter, 80 g Mandelstifte

Für den Rührteig: 250 g weiche Butter, 250 g Zucker, 1 Prise Salz, 1 Msp Vanillemark, 5 Eier, 350 g Mehl, 1 Päckchen Backpulver

Außerdem: Butter für das Blech, Puderzucker zum Bestäuben

1. Die Äpfel schälen, vierteln, entkernen und in Scheiben schneiden. Mit Zitronensaft beträufeln. Zucker und Zimt vermischen.

2. Für die Streusel Mehl, Zucker, Zitronenschale und Zimt vermischen. Die flüssige Butter dazugeben und zwischen den Fingern alles krümelig verreiben. Die Mandelstifte locker untermischen. Kalt stellen.

3. Den Backofen auf 180°C vorheizen. Die weiche Butter mit Zucker, Salz und Vanillemark cremig rühren. Nach und nach die Eier dazugeben und so lange mit den Rührhaken eines Handrührgerätes schlagen, bis die Masse dickschaumig ist. Mehl und Backpulver darübersieben und untermischen.

4. Ein Backblech mit Butter ausfetten und den Rührteig darauf verteilen. Glattstreichen und die Äpfel gleichmäßig darüber verteilen. Zum Schluß mit den Streuseln belegen und auf der mittleren Schiene des Backofens in etwa 40 bis 45 Minuten goldbraun und knusprig backen.

5. Mit Puderzucker bestäuben und in Stücke schneiden.

Exotische Blätterteigtörtchen

ZUTATEN

400 g Blätterteig, 75 g Zucker, 2–3 EL Puderzucker,
200 g weiße Kuvertüre, 2 Blatt weiße Gelatine, 2 Eigelb, 1 Ei,
abgeriebene Schale von 1 Zitrone, 2 EL Zitronensaft, 2 EL Honig,
50 g gemahlener Mohn, 2 EL Rum, 400 g Sahne, 500 g gemischtes Obst
(z. B. Mango, Papaya, Kiwi, Kapstachelbeere und Karambole),
100 g Pfirsich-Maracuja-Konfitüre, 3 EL geröstete Kokosraspeln

1. Die Blätterteigplatten auf einer mit Zucker bestreuten Arbeitsfläche 3 mm dünn ausrollen, dabei immer wieder wenden, damit sich der Zucker von beiden Seiten eindrückt. Kreise mit einem Durchmesser von 14 cm und Rauten mit einer Länge von 10 cm und einer Breite von 6 cm ausschneiden. Aus den Teigresten kleine Rauten ausschneiden. Backofen auf 220° C vorheizen.

2. Teigstücke nacheinander in etwa 10 bis 12 Minuten goldbraun und kroß backen. Den Grill einschalten, das Gebäck mit Puderzucker bestäuben und unter dem Grill kurz karamelisieren lassen.

3. Für die Honig-Mohn-Mousse die weiße Kuvertüre im Wasserbad schmelzen. Gelatine kalt einweichen. Eigelb, Ei, Zitronenschale und -saft sowie den Honig über dem heißen Wasserbad dickcremig aufschlagen. Weiße Kuvertüre und Mohn unterrühren. Die Gelatine ausdrücken, in heißem Rum auflösen und unterrühren. Über Eiswasser kalt schlagen.

4. Die Sahne steif schlagen und locker und gleichmäßig unter die zu gelieren beginnende Creme ziehen. Etwa 1 Stunde kalt stellen.

5. Die großen Blätterteigrauten quer halbieren. Die Creme mit einem Spritzbeutel mit großer Lochtülle auf die Rautenböden und die Törtchen spritzen. 20 Minuten kalt stellen.

6. Das Obst putzen und in kleine Stücke schneiden. Die großen Rauten und die Kreise mit Obst, Rautendeckeln und kleinen Teigteilchen garnieren. Mit erhitzter, pürierter Konfitüre glasieren und mit Kokosraspeln bestreuen.

Melonentartes

ZUTATEN

Für den Teig: 300 g Mehl, 100 g Zucker, 1 Prise Salz, ½ TL Zitronenschale,
Mark von 1 Vanilleschote, 200 g kalte Butter, 1 Eigelb

Für die Creme: 35 g Speisestärke, 2 Eigelb, ¼ l Milch, ½ Vanilleschote,
1 Prise Salz, 40 g Zucker, 50 g Butter, 2 cl Mandellikör,
100 g dunkle Kuvertüre, ½ Kantalup-Melone, 100 g Aprikosenkonfitüre,
2–3 EL gehackte Pistazien

1. Das Mehl auf eine Arbeitsfläche sieben, Zucker, Salz, Zitronenschale und Vanillemark sowie die in Stücke geschnittene Butter und das Eigelb dazugeben. Erst mit einem scharfen Messer zerhacken, dann mit möglichst kalten Händen zu einem glatten Teig verkneten. In Folie wickeln und mindestens 30 Minuten in den Kühlschrank legen.

2. Den Backofen auf 170° C vorheizen. Den Teig auf einer bemehlten Arbeitsfläche dünn ausrollen, Kreise mit einem Durchmesser von 12 bis 14 cm ausschneiden und auf ein mit Backpapier ausgelegtes Backblech legen. Nacheinander im heißen Backofen jeweils in etwa 12 Minuten goldbraun backen.

3. Für die Creme Speisestärke mit Eigelb und 3 bis 4 EL kalter Milch verquirlen. Die restliche Milch mit der aufgeschlitzten Vanilleschote, Salz, und Zucker aufkochen und die Stärkemischung einrühren. Kurz aufkochen lassen, dann in eine flache Form füllen, mit Pergamentpapier bedecken und abkühlen lassen. Durch ein feines Sieb passieren und mit einem Schneebesen so lange rühren, bis die Creme wieder bindet. Nach und nach die Butter in kleinen Stücken dazugeben und zum Schluß mit Mandellikör abschmecken.

4. Die Kuvertüre im Wasserbad schmelzen lassen und die Tartes damit bestreichen. Erstarren lassen, dann die Mandelcreme darauf verteilen.

5. Die Melonenhälfte entkernen, schälen, in dünne Scheiben schneiden und die Tartes damit dicht belegen. Aprikosenkonfitüre mit 2 EL Wasser aufkochen lassen, mit dem Stabmixer pürieren und die Melonen damit glasieren. Mit Pistazien bestreuen.

Zitronentarte

ZUTATEN

Für den Boden: 300 g Blätterteig, Mehl zum Ausrollen, Butter für die Form, getrocknete Hülsenfrüchte zum Blindbacken

Für den Belag: 4 Zitronen, 50 ml Wasser, 180 g Zucker, 60 g Speisestärke, 3 Eigelb, ⅛ l Milch, 125 g Sahne, abgeriebene Schale von 1 Zitrone, 2 EL Zucker, 4 Eiweiß, 1 Prise Salz, 100 g Zucker, Puderzucker

1. Backofen auf 180°C vorheizen. Blätterteig auf einer bemehlten Arbeitsfläche ausrollen und eine gefettete Tarteform von 26 cm Durchmesser damit auskleiden. Dick mit Hülsenfrüchten belegen und auf der mittleren Schiene im Backofen 15 Minuten backen. Die Hülsenfrüchte entfernen.

2. Die Zitronen so schälen, daß die weiße Haut völlig entfernt wird. Die Fruchtfilets zwischen den Trennhäuten herauslösen, dabei den Saft auffangen. Das Fruchtfleisch in kleine Stücke schneiden. Wasser, Zucker und Zitronensaft aufkochen und mit 1 TL kalt angerührter Speisestärke binden. Die Zitronenstückchen untermischen und die Zitronenmasse auf dem Blätterteig verteilen.

3. Die restliche Speisestärke mit Eigelb und 2 bis 3 EL kalter Milch glattrühren. Restliche Milch, Sahne, Zitronenschale und Zucker in einen Topf zum Kochen bringen. Die Stärkemischung unter Rühren dazugeben, kurz aufkochen lassen und von der Kochplatte nehmen.

4. Eiweiß mit Salz und Zucker steif schlagen und unter die heiße Masse ziehen. Auf der Zitronenmasse verteilen, glattstreichen und im 200°C heißen Backofen wenige Minuten goldbraun überbacken. Mit Puderzucker bestäuben.

Erdbeertorte mit Holunderblütencreme

ZUTATEN

Für die Biskuitmasse: 2 Eier, 50 g Zucker, 30 g Mehl, 30 g Speisestärke, 40 g feingerebelte Holunderblüten, 20 g flüssige Butter

Für die Creme: ¼ l Weißwein, 100 g Zucker, Saft von ½ Zitrone, Mark von ½ Vanilleschote, Blüten von 8 Holunderdolden, 5 Blatt weiße Gelatine, 100 g saure Sahne, 300 g Sahne, 500 g Erdbeeren, 100 g Erdbeerkonfitüre

1. Den Backofen auf 180°C vorheizen. Die Eier mit Zucker im Wasserbad dickschaumig schlagen. Dann herausnehmen und so lange weiterschlagen, bis die Masse kalt ist. Mehl, Speisestärke und gerebelte Holunderblüten darübersieben und locker untermischen. Die flüssige Butter gleichmäßig unterziehen.

2. Die Biskuitmasse in eine mit Backpapier ausgelegte Springform von 24 cm Durchmesser füllen, die Oberfläche glattstreichen und auf der mittleren Schiene des Backofens etwa 30 Minuten backen. In der Form abkühlen lassen.

3. Weißwein mit Zucker, Zitronensaft und Vanille aufkochen lassen, dann etwas abkühlen lassen und die gewaschenen und gut abgetropften Blüten einlegen. Über Nacht ziehen lassen, dann auf einem Sieb abgießen und die Flüssigkeit auffangen.

4. Gelatine in kaltem Wasser einweichen. Etwas vom Holunderwein erhitzen und die ausgedrückte Gelatine darin auflösen. Dann die saure Sahne unterrühren und kühl stellen, bis die Mischung zu gelieren beginnt.

5. Die Sahne steif schlagen und ein Drittel davon unter die Holundermasse rühren, den Rest locker unterheben.

6. Die Creme auf dem Biskuitboden in der Springform gleichmäßig verteilen und kalt stellen.

7. Die Erdbeeren waschen, entstielen und je nach Größe ganz lassen oder halbieren. Die Holundercreme dicht damit belegen. Die Erdbeerkonfitüre mit 2 EL Wasser aufkochen lassen, mit dem Stabmixer fein pürieren und die Erdbeeren damit glasieren.

Schokoladen-Bananen-Schnitten

ZUTATEN

Für die Füllung: 400 g Sahne, 100 g Vollmilchschokolade, 4 Bananen

Für den Biskuitteig: 5 Eigelb, 75 g Zucker, 1 Prise Salz, 1 Msp Vanillemark, ½ TL abgeriebene, unbehandelte Zitronenschale, 3 Eiweiß, 65 g Mehl

Außerdem: 3–4 EL Aprikosenkonfitüre, Schokostreusel oder -blätter, Puderzucker

1. Für die Creme am Vortag die Sahne aufkochen lassen und die grobgehackte Schokolade darin auflösen. Mit dem Stabmixer kurz durchrühren und zugedeckt über Nacht in den Kühlschrank stellen.

2. Den Backofen auf 180°C vorheizen. Eigelb mit 25 g Zucker, Salz, Vanillemark und Zitronenschale schaumig schlagen.

3. Eiweiß mit dem restlichen Zucker steif schlagen und zur Eigelbmasse geben. Das Mehl darübersieben und alles locker und gleichmäßig vermischen.

4. Die Masse auf ein mit Backpapier ausgelegtes Backblech geben, die Oberfläche glattstreichen und auf der mittleren Schiene des Backofens in etwa 12 Minuten goldgelb backen.

5. Die Teigplatte auf ein mit Zucker bestreutes Tuch stürzen, das Backpapier abziehen. Den Teig mit der Aprikosenkonfitüre bestreichen.

6. Die Schokoladensahne steif schlagen. Ein Viertel davon abnehmen, den Rest auf die Biskuitplatte streichen, dabei entlang der Längskanten einen schmalen Rand lassen.

7. Die Bananen schälen und entlang jeder Längskante jeweils zwei anordnen. Mit Hilfe des Tuches von den Längsseiten aus zur Mitte einrollen. Ein wenig festdrücken und mit Puderzucker dick bestäuben.

8. Restliche Schokosahne in einen Spritzbeutel füllen und in die entstandene Längsmulde große Tupfen oder Girlanden spritzen. Mit Schokostreuseln oder -blättern garnieren.

Blätterteigtartes mit Birnen

ZUTATEN

200 g Blätterteig, Mehl zum Ausrollen
1 EL Apfelmus, 1 EL Honig, 1 Msp Zimt, 25 g geriebene Mandeln,
4 EL Sahne, 30 g Marzipan, 3 Birnen, 60 g Aprikosenkonfitüre,
2 cl Birnengeist

1. Blätterteig auf einer bemehlten Arbeitsfläche ausrollen und Kreise mit einem Durchmesser von 12 bis 14 cm ausschneiden. Auf ein mit Backpapier ausgelegtes Backblech legen.

2. Apfelmus, Honig, Zimt, Mandeln, Sahne und zerbröseltes Marzipan zu einer glatten Creme verrühren.

3. Birnen schälen, halbieren, entkernen und in Spalten schneiden. Die Tartes mit der Marzipancreme bestreichen, mit Birnen belegen und im Ofen bei 200°C 15 Minuten backen.

4. Konfitüre mit etwas Wasser und Birnengeist erhitzen, pürieren und die Birnen damit glasieren.

Blätterteigtartes mit Rhabarber

ZUTATEN

200 g Blätterteig, Mehl zum Ausrollen
30 g Marzipan, 1 Eiweiß, 1 TL Butter, 1 EL gemahlene Haselnüsse,
1–2 EL Rum, 300 g Rhabarber (geputzt und in Stücke geschnitten),
75 g Zucker, 2 EL Erdbeergelee

1. Blätterteigtartes vorbereiten wie Birnentartes (siehe oben).

2. Marzipan, Eiweiß, Butter, Nüsse und Rum zu einer glatten Creme verrühren. Die Tartes damit bestreichen.

3. Rhabarber mit Zucker bestreut eine Stunde ziehen lassen und gut abgetropft auf den Tartes verteilen.

4. 15 Minuten bei 200°C backen und mit heißem Erdbeergelee glasieren.

Modetorten

damit Sie beim Kaffeklatsch „en vogue" sind.

Schokotorte

ZUTATEN

Für die Schokoladencreme: 600 g Sahne, 150 g dunkle Schokolade,
150 g Krokant oder gehackte, geröstete Nüsse

Für den Boden: 100 g dunkle Kuvertüre, 100 g weiche Butter, 30 g Puderzucker,
5 Eigelb, 5 Eiweiß, 125 g Zucker, 1 TL Backpulver, 100 g Mehl

Außerdem: 6 EL Preiselbeerkonfitüre, 4 cl Himbeergeist, Schokoladenspäne

1. Die Sahne zum Kochen bringen und die kleingehackte Schokolade darin auflösen. Mit dem Stabmixer kurz durchrühren und zugedeckt 24 Stunden ruhen lassen.

2. Für den Boden die Kuvertüre über einem heißen Wasserbad schmelzen lassen und anschließend auf 30°C abkühlen lassen.

3. Die weiche Butter mit dem Puderzucker cremig rühren und nach und nach das Eigelb und die Kuvertüre dazugeben. Den Backofen auf 180°C vorheizen.

4. Eiweiß mit Zucker steif schlagen und zur Schaummasse geben. Das mit Backpulver vermischte Mehl darübersieben und gleichmäßig unterziehen. Die Masse in eine mit Backpapier ausgelegte Springform füllen. Die Oberfläche glattstreichen und auf der mittleren Schiene des Backofens 50 bis 60 Minuten backen. Aus der Springform lösen und auf einem Kuchengitter abkühlen lassen.

5. Die Schokoladensahne mit den Quirlen eines Handrührgerätes cremig aufschlagen und den Krokant oder die Nüsse untermischen.

6. Den Boden mit einem scharfen Messer dreimal quer durchschneiden. Preiselbeerkonfitüre mit Himbeergeist verrühren und mit der Hälfte davon die untere Teigplatte bestreichen. Ein Drittel der Schokoladencreme darauf verteilen und erneut mit einer Biskuitplatte belegen. Erst mit der Preiselbeermischung, dann mit der Schokosahne bestreichen und mit der dritten Teigplatte bedecken. Rundherum dick mit Schokosahne bestreichen, die restliche Schokosahne in einen Spritzbeutel füllen und die Oberfläche hübsch garnieren. Mit Schokoladenspänen bestreuen.

Eierlikörtorte

ZUTATEN

Für den Rührteig: 200 g feingeriebene Mandeln, 80 g Butter, 80 g Zucker, Mark von ½ Vanilleschote, 5 Eigelb, 1 TL Backpulver, 100 g geraspelte Zartbitterschokolade, 5 Eiweiß, 1 Prise Salz, 2 EL Rum, Butter für die Form

Für den Belag: 300 g Sahne, 2 EL Zucker, ⅛ l Eierlikör

1. Die Mandeln in einer Pfanne ohne Fett oder auf dem Backblech im heißen Backofen rösten. Abkühlen lassen.

2. Die weiche Butter mit 30 g Zucker und Vanillemark cremig rühren. Nach und nach das Eigelb dazugeben und zu einer dickschaumigen Masse schlagen. Den Backofen auf 170° C vorheizen.

3. Backpulver, Mandeln und Schokolade vermischen. Eiweiß mit Salz und dem restlichen Zucker steif schlagen und zur Eigelbmasse geben. Die Mandelmischung darüberstreuen, den Rum hinzufügen und vorsichtig unterheben.

4. Die Masse in eine gefettete Springform von 24 cm Durchmesser füllen und die Oberfläche glattstreichen. Auf der mittleren Schiene des Backofens etwa 40 Minuten backen. Den Kuchen aus der Form lösen und auf einem Kuchengitter abkühlen lassen.

5. Die Sahne mit Zucker steif schlagen und mit einem Drittel davon den Kuchen rundherum dick bestreichen. Die restliche Sahne in einen Spritzbeutel füllen und den Rand dicht mit Sahnetupfen bespritzen. Den Eierlikör vorsichtig auf die Sahnefläche gießen und die Torte bis zum Servieren kühl stellen.

Profiterolstern mit Mandarinen

ZUTATEN

Für den Brandteig: ⅛ l Wasser, ⅛ l Milch, 1 Prise Salz, 1 Prise Zucker,
75 g Butter, 150 g Mehl, 4 Eier

Für die Creme: 6 Blatt weiße Gelatine, 8 Mandarinen (Clementinen)
500 g Sahnequark, abgeschriebene Schale von einer Zitrone,
2–3 EL Zitronensaft, 100 g Puderzucker, 2 EL Orangenlikör,
400 g Schlagsahne

Außerdem: 2–3 EL Puderzucker, 1–2 EL geriebene Pistazien

1. Wasser, Milch, Salz, Zucker und Butter in kleinen Stückchen in einem Topf aufkochen. Mehl auf einmal hineingeben und mit dem Kochlöffel so lange rühren, bis sich der Teig als Kloß vom Topfboden löst und ein weißer Belag am Boden entsteht. Die Masse in eine Schüssel geben und sofort ein Ei unterrühren. Das nächste Ei erst wieder unterrühren, wenn der Teig wieder glatt und geschmeidig ist. Der Teig ist fertig, wenn er glänzt und schwer reißend vom Löffel fällt.

2. Den Backofen auf 200°C vorheizen. Den Teig in einen Spritzbeutel mit Sterntülle füllen. Das Backblech mit Backpapier belegen und tischtennisballgroße Profiteroles (Windbeutel) darauf spritzen. In 25 bis 30 Minuten goldbraun backen, anschließend abkühlen lassen.

3. Die Gelatineblätter kalt einweichen. Die Mandarinen so dick schälen, daß die weiße Haut völlig entfernt ist. Filetieren und in kleine Stücke schneiden. Den Saft auffangen.

4. Quark, Zitronenschale und -saft mit Puderzucker verrühren. Die Gelatine ausdrücken, im erhitzten Likör auflösen und unterrühren. Sobald die Creme zu gelieren beginnt, die Sahne und die Mandarinenstücke mit dem Saft unterheben.

5. Die Profiteroles halbieren und mit der Creme füllen. Auf einer großen Platte zu einem Stern zusammensetzen. Mit Puderzucker bestäuben und mit Pistazien bestreut servieren.

Flockentorte mit Panna cotta

ZUTATEN

Für den Brandteig: ¼ l Wasser, 1 Prise Salz, 1 EL Zucker, 100 g Butter,
150 g Mehl, 5 Eier

Für die Füllung: 700 g Sahne, 1 aufgeschlitzte Vanilleschote, 70 g Zucker,
4 Blatt weiße Gelatine, 1 Stückchen unbehandelte Orangenschale

Außerdem: 400 g Erdbeeren, Puderzucker

1. Wasser, Salz, Zucker und Butter in kleinen Stückchen in einem Topf aufkochen. Mehl auf einmal hineingeben und mit dem Kochlöffel so lange rühren, bis sich der Teig als Kloß vom Topfboden löst und ein weißer Belag am Boden entsteht. Die Masse in eine Schüssel geben und sofort ein Ei unterrühren. Das nächste Ei erst wieder unterrühren, wenn der Teig wieder glatt und geschmeidig ist. Der Teig ist fertig, wenn er glänzt und schwer reißend vom Löffel fällt.

2. Den Backofen auf 175°C vorheizen. Zwei Backbleche mit Backpapier belegen und 3 runde Böden mit 24 cm Durchmesser darauf streichen. Auf der mittleren Schiene des Backofens nacheinander in jeweils 15 Minuten goldbraun backen. Die Ränder gleichmäßig rund zurechtschneiden, solange die Böden noch warm sind. Teigreste kleinschneiden und aufbewahren.

3. Für die Creme 400 g Sahne mit der aufgeschlitzten Vanilleschote und dem Zucker zum Kochen bringen und etwa 10 Minuten leise köcheln lassen. Dann die kalt eingeweichte, gut ausgedrückte Gelatine darin auflösen und die Orangenschale hineingeben. Abkühlen lassen.

4. Sobald die Flüssigkeit zu gelieren beginnt, die Vanilleschote und die Orangenschale herausnehmen. Die restliche Sahne steif schlagen und unterziehen.

5. Die Erdbeeren waschen, entkelchen und größere Exemplare halbieren oder vierteln. Die Böden abwechseln mit Creme und Erdbeeren füllen. Die Torte rundherum mit Panna-cotta-Creme bestreichen.

6. Die Oberfläche der Torte mit den Teigresten bestreuen. Mit Puderzucker bestäuben.

Donauwellen

ZUTATEN

Für den Rührteig: 250 g Butter, 250 g Zucker, 1 TL abgeriebene, unbehandelte Zitronenschale, 6 Eigelb, 350 g Mehl, 1 Päckchen Backpulver, 2 EL Kakao, 3 EL Milch, 6 Eiweiß, 250 g entsteinte Sauerkirschen, Butter für das Blech

Für den Belag: 70 g Speisestärke, 3 Eigelb, ¼ l Milch, 1 aufgeschlitzte Vanilleschote, 1 Prise Salz, 80 g Zucker, 100 g weiche Butter, 4 cl Orangenlikör, 250 g Kuvertüre

1. Butter mit 100 g Zucker und Zitronenschale cremig rühren. Nach und nach das Eigelb dazugeben und zu einer dickschaumigen Masse schlagen. Backofen auf 180° C vorheizen.

2. Mehl und Backpulver vermischen. Kakao mit der Milch verrühren und das Eiweiß mit dem restlichen Zucker steif schlagen. Den Eischnee und die Mehlmischung unter den Rührteig heben.

3. Ein Backblech mit Butter ausfetten und die Hälfte des Rührteiges darauf streichen. Die andere Teighälfte mit dem angerührten Kakao vermischen und darüberstreichen. Die Sauerkirschen darauf verteilen und auf der mittleren Schiene des Backofens etwa 30 Minuten backen.

4. Die Speisestärke mit Eigelb und etwas Milch verrühren. Restliche Milch mit Vanilleschote, Salz und Zucker aufkochen und die Stärkemischung unter Rühren einlaufen lassen. Kurz durchkochen lassen, in eine Schüssel füllen und mit Pergamentpapier bedeckt abkühlen lassen. Durch ein Sieb streichen und so lange rühren, bis die Masse wieder bindet.

5. Die Butter nach und nach unterrühren, mit Likör abschmecken und den abgekühlten Kuchen gleichmäßig damit bestreichen. Kalt stellen.

6. Die Kuvertüre über einem Wasserbad schmelzen lassen. Etwas abgekühlt auf den Kuchen gießen und mit einer Palette gleichmäßig verstreichen. Sobald die Glasur fest wird, mit einer gezackten Palette kleine Wellen darauf zeichnen.

Frischkäsetorte mit Heidelbeeren

ZUTATEN

Für den Boden: 170 g Mandelkekse, 125 g Butter

Für den Belag: 2 Blatt Gelatine, Saft von 1 Zitrone, 150 g Vollmilchjoghurt, 600 g Frischkäse, 300 g Sahne, 4 EL Weißwein, 4 EL Wasser, 2 EL Zucker, 1 TL Speisestärke, ½ Zimtstange, 100 g Heidelbeeren

1. Die Kekse im Mixer oder mit einem Nudelholz zerbröseln. Die Butter schmelzen und unter die Brösel rühren.

2. Eine Springform von 22 cm Durchmesser mit Backpapier auslegen und die Bröselmasse darauf verteilen. Gut mit den Fingerkuppen festdrücken und kalt stellen.

3. Die Gelatine in kaltem Wasser einweichen, gut ausdrücken und im erhitzten Zitronensaft auflösen. 1 bis 2 EL Joghurt unterrühren, dann den restlichen Joghurt und den Frischkäse hinzufügen und zu einer glatten, homogenen Masse verrühren.

4. Die Sahne steif schlagen und etwa ein Drittel unter die Frischkäsemischung rühren, den Rest locker und gleichmäßig unterheben.

5. Die Frischkäsemasse in die Springform füllen, glattstreichen und wieder kalt stellen.

6. Wein, Wasser und Zucker vermischen und mit einem Teil davon die Speisestärke anrühren. Die restliche Flüssigkeit mit der Zimtstange aufkochen lassen und mit der angerührten Speisestärke binden. Kurz aufkochen lassen und die Zimtstange wieder entfernen. Die Heidelbeeren dazugeben und abkühlen lassen.

7. Die Mischung auf die Mitte der Tortenoberfläche geben und so verteilen, daß rundherum ein 3 cm breiter weißer Rand bleibt. Erneut kalt stellen und gut gekühlt servieren.

Möhrentorte

ZUTATEN

Für den Biskuitteig: 7 Eier, 300 g Zucker, abgeriebene Schale von ½ unbehandelten Zitrone, 300 g feingeriebene Möhren, 450 g feingemahlene Haselnüsse, 75 g Mehl, 1 TL Backpulver, 75 g Butter, Butter für die Form

Außerdem: 100 g Aprikosenkonfitüre, 200 g Vollmilchkuvertüre

1. Die Eier mit Zucker und Zitronenschale über einem heißen Wasserbad dickschaumig aufschlagen. Herausnehmen und so lange weiterschlagen, bis die Masse kalt ist.

2. Die Möhren, die Haselnüsse und das mit Backpulver vermischte und gesiebte Mehl dazugeben und locker unter die Schaummasse heben. Die Butter erhitzen und zum Schluß unterziehen.

3. Die Masse in eine gefettete Springform von 24 cm Durchmesser füllen, die Oberfläche glattstreichen und auf der mittleren Schiene des Backofens etwa 60 Minuten backen. Anschließend aus der Form lösen und auf einem Kuchengitter abkühlen lassen.

4. Die Aprikosenkonfitüre mit 2 EL Wasser erhitzen, mit einem Stabmixer glattrühren und die Torte rundherum damit bestreichen.

5. Die Kuvertüre in einem Wasserbad schmelzen lassen. Auf etwa 30° C abkühlen lassen und die Torte damit gleichmäßig überziehen. Kurz bevor der Guß fest wird, mit einem großen Messer, das man zwischendurch in heißes Wasser taucht, Tortenstücke darauf markieren. Wer möchte, garniert die Torte mit kleinen Marzipanmöhren und mit gehackten Pistazien.

Giotto-Torte

ZUTATEN

Für den Biskuitteig: 5 Eigelb, 40 g Zucker, 40 g gemahlene Mandeln,
2 EL Wasser, 1 Prise Salz, ½ TL abgeriebene, unbehandelte Zitronenschale,
1 Msp Zimt, 5 Eiweiß, 80 g Zucker, 80 g Mehl, 80 g Mandelkrokant, 2 EL Öl
Für die Füllung: 4 Stangen Giotto (italienisches Haselnußkonfekt),
120 g weiße Kuvertüre, 80 g heller Nougat, 80 g Sahne,
3 Blatt weiße Gelatine, 3 EL Bailey's, 3 Eigelb, 1 EL Zucker, 400 g Sahne

1. Eigelb mit Zucker, Mandeln, Wasser, Salz, Zitronenschale und Zimt mit den Quirlen eines Handrührgerätes dickschaumig schlagen. Den Backofen auf 180°C vorheizen.

2. Eiweiß mit Zucker steif schlagen und zur Eigelbmasse geben. Das Mehl darübersieben, den Krokant darüberstreuen und gleichmäßig unter die Eigelbmasse ziehen. Zuletzt das Öl unterziehen und die Masse in eine mit Backpapier ausgelegte Springform füllen. Auf der mittleren Schiene des Backofens etwa 50 Minuten backen.

3. Den Biskuit aus der Form lösen und auf einem Kuchengitter abkühlen lassen.

4. Drei Packungen Giotto grob hacken. Kuvertüre und Nougat grob hacken und mit der Sahne über einem heißen Wasserbad schmelzen lassen. Gelatine in kaltem Wasser einweichen, gut ausdrücken und im erhitzten Bailey's auflösen. Unter die Kuvertüremischung rühren.

5. Eigelb mit Zucker schaumig schlagen und die Kuvertüremischung sowie die Giottostückchen untermischen. Die Sahne steif schlagen. Ein Viertel davon abnehmen und kalt stellen. Den Rest unter die Giottocreme ziehen.

6. Den Kuchenboden zweimal quer durchschneiden, zwei Böden mit der Creme bestreichen und wieder zusammensetzen. Zwei bis drei Stunden im Kühlschrank fest werden lassen. Die Torte rundherum mit der restlichen Sahne bestreichen und mit Sahnetupfen garnieren. Auf jeden Tupfen eine Giottokugel setzen.

Rosentorte

ZUTATEN

Für den Biskuitboden: 5 Eigelb, 150 g Zucker, 75 g Mehl,
75 g Speisestärke, 100 g gemahlene, geröstete Mandeln, 5 Eiweiß, 1 Prise Salz

Für die Füllung: 350 ml Weißwein, 2 cl Cognac, 4 cl Amaretto, 75 g Zucker,
7 große, vollerblühte, dunkelrote, stark duftende, unbehandelte Rosen,
4 Blatt weiße Gelatine, 500 g Sahne

Außerdem: 1 Eiweiß, 2–3 EL Zucker, 2–3 EL geröstete Mandelblättchen

1. Eigelb mit 50 g Zucker und 2 EL Wasser dickschaumig schlagen. Mehl, Speisestärke und Mandeln vermischen. Backofen auf 180°C vorheizen.

2. Eiweiß mit Salz und restlichem Zucker steif schlagen. Eischnee zur Eigelbmasse geben und die Mehlmischung darüber verteilen. Gleichmäßig unterheben und die Masse in eine mit Backpapier ausgelegte Springform von 24 cm Durchmesser füllen. Die Oberfläche glattstreichen. Im Backofen etwa 40 Minuten backen.

3. Weißwein, Cognac, Amaretto und Zucker verrühren. Von vier Rosen die Blätter abzupfen und etwa zwei Stunden in die Weinmischung legen. Durch ein Sieb gießen und erwärmen. Gelatine kalt einweichen.

4. Die gut ausgedrückte Gelatine in der Weinmischung auflösen. So lange schlagen, bis die Flüssigkeit leicht schaumig wird und zu gelieren beginnt. Die Sahne steif schlagen und die Hälfte davon unter das Weingelee ziehen. Restliche Sahne kalt stellen.

5. Den Biskuit zweimal durchschneiden und einen Boden in die Springform legen. Die Hälfte der Creme darauf verteilen und den Vorgang wiederholen. Zum Schluß mit dem dritten Boden bedecken. Zwei bis drei Stunden kalt stellen.

6. Die Blätter der übrigen Rosen abzupfen, mit Eiweiß bestreichen und mit Zucker bestreuen. Im Backofen bei 50°C etwa eine Stunde trocknen lassen, dabei zwischendurch vom Gitter lösen. Die Torte mit der restlichen Sahne rundherum bestreichen, die Oberfläche mit den Rosenblättern, den Rand mit Mandelblättchen bestreuen.

Tiramisu-Torte

ZUTATEN

Für den Biskuitteig: 5 Eier, 150 g Zucker, 1 Prise Salz, 75 g Mehl,
75 g Speisestärke, 75 g Butter, Butter für die Form

Für die Füllung: 5 Eigelb, 150 g Puderzucker, 500 g Mascarpone,
5 Blatt weiße Gelatine, 5 cl Mokkalikör, 500 g Sahne

Außerdem: 300 ml starker Kaffee, 4 cl Amaretto, 3 EL Kakao

1. Die Eier mit Zucker und Salz über einem heißen Wasserbad schaumig aufschlagen. Herausnehmen und die Masse so lange schlagen, bis sie kalt ist. Backofen auf 175°C vorheizen.

2. Mehl und Speisestärke vermischen, auf die Schaumasse sieben und gleichmäßig unterheben. Die Butter zerlassen und zum Schluß unterziehen.

3. Die Masse in eine mit Backpapier ausgelegte Springform von 26 cm Durchmesser füllen, die Oberfläche glattstreichen und auf der mittleren Schiene etwa 45 Minuten backen. Aus der Form lösen und auf einem Kuchengitter abkühlen lassen.

4. Für die Füllung Eigelb mit Puderzucker schaumig schlagen. Löffelweise den Mascarpone dazugeben und zu einer glatten Creme verrühren.

5. Die Gelatine in kaltem Wasser einweichen, gut ausdrücken und im erhitzten Mokkalikör auflösen. 2 EL von der Mascarponecreme unterziehen, dann unter die restliche Creme rühren. Die Sahne steif schlagen und gleichmäßig unterziehen.

6. Den Biskuitboden zweimal durchschneiden. Den unteren Boden zurück in die Springform legen und mit der Hälfte der Amaretto-Kaffee-Mischung tränken. Die Hälfte der Creme darauf verteilen und erneut mit einem Boden bedecken. Mit dem zweiten Boden auf die gleiche Weise verfahren, dabei einige Löffel von der Creme aufbewahren. Mit dem letzten Biskuitboden bedecken. Den Kuchen im Kühlschrank fest werden lassen.

7. Den Kuchen aus der Form lösen, mit der restlichen Creme bestreichen und dick mit Kakao bestäuben.

Schwarzwälder Kirschtorte

ZUTATEN

Für den Mürbeteig: 150 g Mehl, 50 g Zucker, Mark von ½ Vanilleschote,
1 Prise Salz, 1 Msp abgeriebene Zitronenschale, 100 g Butter, 1 Eigelb

Für den Biskuitteig: 5 Eigelb, 140 g Zucker, 80 g Mehl, 1 TL Backpulver,
80 g Speisestärke, 5 Eiweiß, 1 Prise Salz, 40 g Kakao, 80 g heiße Butter,
500 g entsteinte Sauerkirschen aus dem Glas, 1 EL Speisestärke, 1 Msp Zimt

Außerdem: 6 cl Kirschwasser, 600 g Sahne, 60 g Kirschkonfitüre,
16 frische Kirschen, Schokostreusel oder -späne

1. Die angegebenen Zutaten zu einem Mürbeteig verkneten und in Folie gewickelt kalt stellen.

2. Backofen auf 170° C vorheizen. Den Mürbeteig in Springformgröße dünn ausrollen. Springformboden einfetten und den Teig hineinlegen, mehrmals mit einer Gabel einstechen. In etwa 12 Minuten goldgelb backen.

3. Eigelb mit 70 g Zucker schaumig schlagen. Mehl, Backpulver und Speisestärke vermischen. Eiweiß mit Salz und restlichem Zucker steif schlagen und zur Eigelbmasse geben. Die Mehlmischung darübersieben und unterheben. Kakao mit flüssiger Butter verrühren und unterziehen. In eine mit Backpapier ausgelegte Form füllen und etwa 40 Minuten backen.

4. Kirschen auf einem Sieb abtropfen lassen. Saft auffangen. Die Speise-stärke mit etwas Kirschsaft glatt-rühren. Die Hälfte des Saftes mit Zimt aufkochen, die angerührte Stärke unterrühren und aufkochen lassen. Kalt stellen. Restlichen Kirschsaft mit dem Kirschwasser vermischen. Sahne steif schlagen.

5. Den abgekühlten Biskuitboden zweimal durchschneiden. Den Mür-beteigboden mit Kirschkonfitüre be-streichen und mit einem Biskuitboden bedecken. Mit einem Drittel der Kirschsaftmischung beträufeln. Die Hälfte der Kirschen darauf verteilen, mit einem Drittel der Sahne be-decken. Den Vorgang noch einmal wiederholen. Auf den letzten Boden die restliche Kirschsaftmischung ver-teilen. Die Torte rundherum mit der restlichen Sahne bestreichen und mit Sahnetupfen garnieren. Die frischen Kirschen daraufsetzen und in die Mitte die Schokostreusel streuen.

Himmelstorte

ZUTATEN

Für den Rührteig: 125 g Butter, 125 g Zucker, 4 Eigelb, 150 g Mehl,
2 TL Backpulver, 2 EL Milch, Butter für die Form

Außerdem: 4 Eiweiß, 200 g Zucker, 60 g Mandelblättchen, 3 kleine Zitronen,
⅛ l Wasser, 80 g Zucker, 3 TL Speisestärke, 400 g Sahne,
150 g frische Himbeeren, Puderzucker zum Bestäuben

1. Die weiche Butter mit Zucker schaumig schlagen und nach und nach das Eigelb hinzufügen. Mehl mit Backpulver vermischen und mit der Milch unter die Schaummasse rühren. Den Backofen auf 150° C vorheizen.

2. Zwei Springformen mit Butter einfetten und jeweils die Hälfte des Rührteiges hineingeben. Die Oberfläche glattstreichen.

3. Das Eiweiß steif schlagen und dabei den Zucker einrieseln lassen. So lange weiterschlagen, bis der Schnee schnittfest und glänzend ist.

4. Die Rührteige damit bestreichen, mit Mandelblättchen bestreuen und im heißen Backofen in etwa 40 Minuten goldgelb backen. Aus den Formen lösen und auf Kuchengittern abkühlen lassen.

5. Die Zitronen auspressen und den Saft mit Wasser und Zucker verrühren. Die Speisestärke mit einem Teil davon glattrühren. Die restliche Flüssigkeit aufkochen und die angerührte Stärke unterrühren. Kurz aufkochen, in eine Schüssel füllen und mit Pergamentpapier bedeckt abkühlen lassen.

6. Die Sahne steif schlagen und mit den Himbeeren unter die Zitronencreme ziehen.

7. Einen Boden in eine Springform setzen, mit der Zitronen-Himbeer-Creme bestreichen und den zweiten Boden, Baiser nach oben, bedecken. Einige Stunden kalt stellen. Mit Puderzucker bestäuben und eiskalt servieren. Am besten mit einem Elektromesser in Stücke schneiden.

Limetten-Reis-Torte

ZUTATEN

Für den Boden: 100 g Amaretti-Kekse, 50 g Löffelbiskuit, 100 g weiche Butter

Für die Füllung: ½ l Milch, Salz, 100 g Rundkornreis, 1 Stückchen Limettenschale, 100 g Zucker, Saft von 3 Limetten, 4 Blatt weiße Gelatine, 400 g Frischkäse, abgeriebene Schale von 1 Limette, 500 g Sahne

Außerdem: 50 g frische Himbeeren, einige frische Zitronenmelisseblätter

1. Für den Boden Kekse und Biskuits mit einem Nudelholz zerreiben und mit der weichen Butter vermengen. Die Masse gleichmäßig auf den Boden einer Springform mit 24 cm Durchmesser verteilen und fest drücken. Kalt stellen.

2. Für die Füllung Milch, Salz, Reis und Limettenschale zum Kochen bringen und etwa 30 Minuten ausquellen lassen.

3. Zucker und Limettensaft sirupartig einkochen lassen, dann die kalt eingeweichte Gelatine darin auflösen und abkühlen lassen.

4. Frischkäse mit Limettenschale glattrühren. Etwas vom Frischkäse unter das Limettengelee mischen, den Reisbrei dazugeben und mit dem restlichen Frischkäse gleichmäßig zu einer cremigen Masse verrühren. Die Sahne steif schlagen und die Hälfte davon unter die Reismasse ziehen. Auf dem Bröselboden verteilen und die Oberfläche glattstreichen. Mindestens 2 bis 3 Stunden im Kühlschrank erstarren lassen.

5. Die restliche Sahne in einen Spritzbeutel füllen und die Torte damit garnieren. Mit Himbeeren und Zitronemelisseblättern verzieren.

Mohnschneckentorte

ZUTATEN

Für den Hefeteig: 400 g Mehl, 200 ml lauwarme Milch, 30 g Hefe,
30 g Zucker, 1 Prise Salz, 1 Msp Vanillemark, 50 g Butter

Für die Füllung: 170 ml Milch, 60 g Butter, 180 g Zucker,
500 g frisch gemahlener Mohn, 4 Eiweiß, 100 g Kuchenbrösel, 1 Msp Zimt,
1 TL abgeriebene Zitronenschale, 750 g vollreife, feste Birnen

Außerdem: Butter für die Form, 100 g Apfelgelee, 2 cl Birnengeist

1. Aus den angegebenen Zutaten einen Hefeteig zubereiten und mit einem Tuch bedeckt etwa 30 Minuten an einem warmen Platz gehen lassen. Erneut kräftig durchkneten und noch einmal 30 Minuten gehen lassen.

2. Milch und Butter aufkochen und den Zucker sowie den Mohn unter Rühren dazugeben. Von der Kochplatte nehmen und Eiweiß, Kuchenbrösel, Zimt und Zitronenschale dazugeben.

3. Die Birnen schälen, vierteln, entkernen und in kleine Würfel schneiden. Unter die Mohnmasse mischen.

4. Den Teig auf einer bemehlten Arbeitsfläche zu einem Rechteck ausrollen, mit der Mohnmasse bestreichen und von der Längsseite her aufrollen.

5. Die Rolle mit einem scharfen Messer in 10 dicke Scheiben schneiden. Mit den Schnittflächen nach oben in eine gefettete Springform von 26 cm Durchmesser setzen. Mit einem Tuch bedeckt noch einmal 30 Minuten gehen lassen. Den Backofen auf 175°C vorheizen.

6. Die Mohnschneckentorte auf der mittleren Schiene des Backofens in etwa 40 Minuten goldbraun backen.

7. Apfelgelee mit Wasser verrühren, aufkochen lassen und mit dem Stabmixer pürieren, dabei den Birnengeist dazugießen. Den noch heißen Kuchen damit glasieren.

PLÄTZCHEN

und das nicht nur zur Weihnachtszeit.

Haselnußbrotschnitten

ZUTATEN

Für den Teig: 300 g Butter, 450 g brauner Zucker, 2 Eier, 1 Prise Salz,
1 TL Zimt, 250 g gehobelte Haselnüsse, 500 g Mehl, 1 Eiweiß

Außerdem: 50 g Aprikosenkonfitüre, Nüsse, Belegkirschen, Pistazien,
100 g weiße Kuvertüre, 100 g Zartbitterkuvertüre, 100 g Himbeergelee

1. Butter und 400 g Zucker cremig rühren und nach und nach die Eier dazugeben. Salz, Zimt, Nüsse und Mehl vermischen. Nach und nach die Mehlmischung unterrühren und durchkneten.

2. Den Teig zu etwa 5 cm breiten Streifen ausrollen. Die Streifen der Länge nach zusammenrollen, mit Eiweiß bestreichen und im restlichen braunem Zucker wälzen. In Alufolie wickeln und mindestens eine Stunde kalt stellen.

3. Den Backofen auf 180°C vorheizen. Etwa 2 bis 3 mm dicke Scheiben von der Teigrolle abschneiden und in etwa 12 bis 15 Minuten goldgelb backen.

4. Die Aprikosenkonfitüre mit 2 EL Wasser kurz aufkochen lassen, mit dem Stabmixer pürieren und die Hälfte der Plätzchen damit bestreichen. Sofort mit Nüssen, Belegkirschen oder Pistazien garnieren.

5. Die Kuvertüren kleinhacken und über einem heißen Wasserbad auflösen. Ein Viertel der restlichen Plätzchen damit bestreichen. Eventuell mit gehackten Pistazien bestreuen.

6. Das Himbeergelee verrühren und die restlichen Pätzchen damit bestreichen. Die mit Kuvertüre bestrichenen Plätzchen darauf drücken und trocknen lassen.

Schokotupfen

ZUTATEN

Für den Teig: 250 g Butter, 140 g Puderzucker, 25 g Kakao, 1 Prise Salz,
ausgekratztes Mark von ½ Vanilleschote, 2 Eier, 200 g Mehl
Außerdem: 50 g weiße Kuvertüre

1. Weiche Butter und Puderzucker cremig rühren. Kakao, Salz, Vanillemark hinzufügen und nach und nach abwechselnd die Eier und löffelweise das Mehl unterrühren.

2. Die Masse in einen Spritzbeutel mit glatter Lochtülle füllen. Den Backofen auf 150° C vorheizen.

3. Kleine Tupfen auf das mit Backpapier ausgelegte Blech spritzen und etwa 10 Minuten backen.

4. Die Kuvertüre über einem heißen Wasserbad auflösen, auf etwa 30°C abkühlen lassen und die Plätzchen damit verzieren.

Walnuß-Marzipan-Taler

ZUTATEN

Für den Teig: 300 g Mehl, 150 g gemahlene Walnüsse, 200 g Butter,
125 g Puderzucker, 1 Eigelb, 1 Prise Salz, 1 Msp Vanillemark
Außerdem: 600 g Marzipanrohmasse, 100 g Puderzucker,
300 g Preiselbeerkonfitüre, 300 g dunkle Kuvertüre, ca. 100 g Walnußhälften

1. Die angegebenen Zutaten zu einen Mürbeteig verkneten und kalt stellen. Dünn ausrollen, runde Taler ausstechen und auf einem mit Backpapier ausgelegtem Blech in etwa 8 bis 10 Minuten bei 180°C goldgelb backen.

2. Marzipan mit Puderzucker verkneten, dünn ausrollen und gleich große Plätzchen ausstechen. Die gebackenen Plätzchen mit Konfitüre bestreichen, mit Marzipantalern belegen und mit aufgelöster Kuvertüre überziehen. Mit Nüssen garnieren.

Hagebuttenringerl

ZUTATEN

Für den Teig: 220 g Mehl, 1 Prise Salz, abgeriebene Schale von ½ unbehandelten Zitrone, ausgekratztes Mark von ½ Vanilleschote, 180 g gehäutete und gemahlene Mandeln, 150 g Puderzucker, 1 Ei, 200 g kalte Butter

Außerdem: 50 g Puderzucker, 2 EL Vanillezucker, ca. 250 g Hagebuttenkonfitüre

1. Mehl, Salz, Zitronenschale, Vanillemark, Mandeln und Puderzucker, Ei und die Butter zu einem glatten Mürbeteig verkneten. Zu einer Kugel formen, in Klarsichtfolie wickeln und 30 Minuten kühl stellen.

2. Den Backofen auf 180° C vorheizen. Den Mürbeteig etwa 2 mm dick ausrollen und Kreise im Durchmesser von 6 cm ausstechen. Auf ein mit Backpapier ausgelegtes Backblech legen und aus der Hälfte der Plätzchen noch mal mit einem rundem Ausstecher kleine Kreise ausstechen, so daß Ringe entstehen. In 8 bis 10 Minuten hellgelb backen. Dann auf einem Kuchengitter abkühlen lassen.

3. Puderzucker und Vanillezucker vermischen. Die Ringe dicht nebeneinander legen und dick mit der Zuckermischung bestäuben.

4. Die restlichen Plätzchen dünn mit Konfitüre bestreichen und die Ringe darauf setzen.

5. Die restliche Konfitüre in einen Spritzbeutel füllen und jeweils in die Mitte noch etwas Konfitüre spritzen.

SCHUHBECKS TIP

Wenn Sie keine Hagenbuttenkonfitüre bekommen oder mögen, dann füllen Sie die Ringe mit einer anderen Konfitüre. Es sollte aber eine pikante, nicht zu süße Konfitüre sein, z.B. von schwarzen oder roten Johannisbeeren oder Brombeeren. Konfitüren mit größeren Fruchtstückchen besser vorher pürieren.

Zimtblätter

ZUTATEN

Für den Mürbeteig: 250 g Mehl, 125 g gemahlene Haselnüsse,
2 TL Zimt, abgeriebene Schale von ¼ unbehandelten Zitrone, 1 Prise Salz,
125 g Zucker, 2 Eigelb, 125 g Butter
Außerdem: 80 g Zucker, 1 TL Zimt, 150 g Zartbitterkuvertüre,
100 g dunkle Kuchenglasur

1. Mehl, Haselnüsse, Zimt, Zitronen-schale, Salz und Zucker auf eine Arbeitsfläche häufen. Eigelb und die Butter in Stückchen dazugeben und erst mit einem großen Messer zer-hacken, dann rasch mit möglichst kalten Händen zu einem glatten Teig verkneten. In Klarsichtfolie wickeln und mindestens 30 Minuten in den Kühlschrank legen.

2. Den Teig auf einer bemehlten Arbeitsfläche 2 mm dünn ausrollen und entweder mit Hilfe einer Scha-blone oder eines Ausstechers Blätter ausschneiden. Jedes Blatt erst der Länge nach einkerben, dann jeweils eine Hälfte davon quer einkerben, ähnlich wie Blattrippen. Zucker und Zimt vermischen und die Plätzchen damit bestreuen. Den Backofen auf 180° C vorheizen.

3. Die Blätter auf ein mit Backpapier ausgelegtes Backblech legen und etwa 10 Minuten backen. Auf einem Kuchengitter abkühlen lassen.

4. Kuvertüre und Kuchenglasur in Stücke schneiden und über einem heißen Wasserbad schmelzen lassen. Auf etwa 30° C abkühlen lassen und die glatte Blattseite bis zur Längs-kerbe in die Kuvertüre tauchen und trocknen lassen.

Orangenplätzchen

ZUTATEN

Für den Teig: 200 g Butter, 200 g Mehl, 75 g Speisestärke, 1 TL Backpulver
75 g Zucker, abgeriebene Schale von 2 unbehandelten Orangen,
3 EL frisch gepreßter Orangensaft, 1 Eigelb
Außerdem: 100 g Orangenmarmelade, Puderzucker zum Bestäuben

1. Butter, Mehl, Stärke, Backpulver, Zucker, Orangenschale und -saft und Eigelb zu einem glatten Mürbeteig verarbeiten und 30 Minuten kühl stellen. Backofen auf 180°C vorheizen.

2. Den Teig zu einer Rolle von etwa 3 cm Durchmesser formen, in Scheiben schneiden und auf ein mit Backpapier ausgelegtes Backblech legen. Etwa 15 Minuten hellgelb backen. Abkühlen lassen.

3. Die Hälfte der Plätzchen mit Orangenmarmelade bestreichen, die andere Hälfte darauf setzen. Dicht nebeneinanderlegen und mit Puderzucker bestäuben.

Spritzgebäck

ZUTATEN

Für den Rührteig: 220 g Butter, 90 g Puderzucker, 1 Prise Salz,
etwas abgeriebene, unbehandelte Zitronenschale, Mark von 1 Vanilleschote,
1 Ei, 300 g Mehl
Außerdem: 200 g dunkle Kuvertüre

1. Die angegebenen Zutaten zu einem glatten, cremigen Rührteig verarbeiten und in einen Spritzbeutel mit Sterntülle füllen. Den Backofen auf 190°C vorheizen. Beliebige Formen auf das mit Backtrennpapier ausgelegte Backblech spritzen.

2. Im Backofen in 10 bis 15 Minuten goldgelb backen.

3. Die Kuvertüre über einem heißen Wasserbad schmelzen lassen und das Spritzgebäck jeweils zur Hälfte eintauchen.

Kokos-Orangen-Schnitten

ZUTATEN

Für den Teig: 250 g Mehl, 1 Prise Salz, etwas abgeriebene unbehandelte
Zitronenschale, 80 g Puderzucker, 1 Eigelb, 160 g eiskalte Butter

Für den Belag: 7 Eier, 250 g Zucker, 400 g Kokosflocken,
abgeriebene Schale und Saft von 4 unbehandelten Orangen (ca. 200 ml)

Außerdem: 200 g dunkle Kuvertüre

1. Das Mehl auf die Arbeitsfläche häufen. Salz, Zitronenschale, Puderzucker hinzufügen, in die Mitte eine Mulde drücken und das Eigelb hineingeben. Die in Stücke geschnittene Butter dazugeben und alles mit einem Messer grob zerhacken. Anschließend mit möglichst kalten Händen zu einem glatten Teig verkneten. In Folie wickeln und mindestens 30 Minuten in den Kühlschrank legen.

2. Den Backofen auf 180°C vorheizen. Den Mürbeteig auf der bemehlten Arbeitsfläche dünn ausrollen und mit Hilfe des Nudelholzes auf das gefettete Backblech legen. Mit einer Gabel mehrmals einstechen und auf der mittleren Schiene des Backofens etwa 10 Minuten vorbacken.

3. Für den Belag die Eier mit dem Zucker schaumig rühren. Orangenschale und -saft dazugeben und die Kokosflocken unterrühren.

4. Die Kokosmasse auf der vorgebackenen Teigplatte verteilen und auf der mittleren Schiene in weiterer 30 Minuten goldbraun backen. Nach dem Abkühlen in Rauten oder in Würfel schneiden.

5. Die Kuvertüre über einem heißen Wasserbad schmelzen und dann auf 30°C abkühlen lassen. Die Ecken des Gebäcks in die flüssige Kuvertüre tauchen und auf einem Kuchengitter trocknen lassen.

SCHUHBECKS TIP

Noch exotischer schmecken die Kokosschnitten, wenn man sie mit Ananassaft und kleingeschnittenem Ananasfruchtfleisch zubereitet.

Nußkugeln

ZUTATEN

Für die Baisermasse: 5 Eiweiß, 1 Prise Salz, 150 g Zucker, 40 g Mehl,
100 g geriebene Haselnüsse, 1 TL gemahlener Zimt, 30 g flüssige Butter

Außerdem: Backpapier für das Backblech, ca. 30 g gehobelte Haselnüsse,
3–4 EL Himbeerkonfitüre

1. Den Backofen auf 175° C vorheizen. Das Eiweiß mit Salz steif schlagen und dabei nach und nach den Zucker einrieseln lassen. So lange weiterschlagen, bis der Eischnee schnittfest und glänzend ist.

2. Mehl, Nüsse und Zimt vermischen und mit der flüssigen Butter locker und gleichmäßig unter die Baisermasse heben. In einen Spritzbeutel mit glatter Tülle füllen und kleine Rosetten auf das mit Backpapier ausgelegte Backblech spritzen.

3. Die Hälfte der Baiserkugeln mit den Haselnußblättchen belegen und im heißen Backofen auf der oberen Schiene 10 bis 12 Minuten backen. Die restlichen Kugeln auf die gleiche Weise backen.

4. Die ausgekühlten Kekse auf den Unterseiten mit der Himbeerkonfitüre bestreichen und immer zwei zusammensetzen.

SCHUHBECKS TIP

Auf die gleiche Weise bereite ich auch Kokosbusserl zu. Dafür nehme ich: 4 Eiweiß, 180 g Zucker, 2 EL Vanillezucker, 200 g Kokosflocken und die abgeriebene Schale von 1/2 unbehandelten Zitrone.

Ananas-Mandel-Gebäck

ZUTATEN

400 g Rohmarzipan, 200 g Puderzucker, 60 g feingehackte Ananas,
2 TL frisch geriebenen Ingwer, 1 EL Rum, 1 Eiweiß, 1 Eigelb, 1 EL Sahne,
150 g gehobelte Mandeln

1. Rohmarzipan mit Puderzucker verrühren und Ananas und Ingwer sowie den Rum und das Eiweiß einarbeiten. Es muß eine glatte homogene Masse entstehen. Zu einer Rolle von 3 cm Durchmesser formen und kalt stellen. Backofen auf 150° C vorheizen.

2. Scheiben von der Rolle abschneiden und zu Kugeln formen. Eigelb und Sahne verrühren und die Kugeln damit bestreichen. In Mandelblättchen wälzen und auf ein mit Backpapier ausgelegtes Blech setzen. Etwa 15 bis 20 Minuten hellgelb backen.

Schaumringe (Baiserringe)

ZUTATEN

4 Eiweiß, 1 Prise Salz, 300 g Puderzucker, 1 EL Speisestärke,
1 EL Vanillezucker, abgeriebene Schale von 1 Zitrone oder Orange,
bunte Zuckerstreusel

1. Eiweiß mit Salz steif schlagen und dabei den Puderzucker und die Stärke einrieseln lassen. Nach und nach unter ständigem Weiterschlagen den Vanillezucker und die Zitrusschale dazugeben. Den Backofen auf 70° C vorheizen.

2. Die Schaummasse in einen Spritzbeutel mit gezackter Tülle füllen und Ringe auf ein mit Backpapier ausgelegtes Backblech spritzen. Mit Zuckerstreuseln bestreuen und im Backofen bei leicht geöffneter Ofentür 2 bis 3 Stunden trocknen lassen.

Dattelbusserl

ZUTATEN

4 Eiweiß, 1 EL Zitronensaft, 1 Prise Salz, 280 g Zucker,
1 EL Speisestärke, 200 g getrocknete Datteln, 200 g Walnußkerne,
50 g Orangeat, abgeriebene Schale von 1 unbehandelten Orange,
1 EL Orangenlikör, je 100 g dunkle und helle Kuvertüre

1. Eiweiß, Zitronensaft und Salz über einem heißen Wasserbad cremig schlagen. Nach und nach den Zucker und die Stärke einrieseln lassen und so lange weiterschlagen, bis der Schnee schnittfest und glänzend ist. Zum Schluß die Masse über einer mit Eiswürfeln und kaltem Wasser gefüllten Schüssel kalt schlagen.

2. Den Backofen auf 150° C vorheizen. Die Datteln entkernen und wie die Walnüsse und das Orangeat sehr fein hacken. Mit der Orangenschale und dem Likör unter die Baisermasse rühren.

3. Die Masse in einen Spritzbeutel mit großer, glatter Tülle füllen und kleine Kugeln auf das mit Backpapier ausgelegte Blech spritzen. Man kann aber auch mit einem Kaffeelöffel etwas von der Schaummasse abstechen und auf ein mit Backpapier ausgelegtes Backblech setzen. Auf ausreichenden Abstand achten, da die Busserl ein wenig auseinanderlaufen.

4. Im heißen Backofen auf der unteren Schiene in etwa 20 bis 25 Minuten backen. Die restliche Masse bis zum Backen kalt stellen, dann auf die gleiche Weise backen.

5. Die beiden Kuvertüren getrennt über einem heißen Wasserbad schmelzen lassen und die Plätzchen mit einem Pinsel abwechselnd streifenartig überziehen.

SCHUHBECKS TIP

Nehmen Sie möglichst luftgetrocknete Datteln, keine kandierten, da sonst das Gebäck zu süß wird.

Kakaoblätter

ZUTATEN

40 ml Milch, 120 g Puderzucker, 40 ml Glucosesirup, 110 g Butter,
100 g geschälte, geriebene Mandeln, 25 g Kakaopulver

1. Milch, Puderzucker, Glucosesirup und Butter in einem Topf miteinander schmelzen, aber keinesfalls kochen lassen. Mandeln und Kakao vermischen und unter die Masse rühren. Im Kühlschrank mindestens 8 Stunden ruhen lassen.

2. Backofen auf 170°C vorheizen. Backblech mit Backpapier belegen.

3. Mit einer Palette dünne Kreise von 5 cm Durchmesser auf das Blech streichen und bei leicht geöffneter Ofentür 5 Minuten backen. Herausnehmen, kurz abkühlen lassen, dann in wenigen Minuten fertigbacken.

4. Aus dem Ofen nehmen und jedes Plätzchen sofort über einen Holzlöffelstiel oder ein Nudelholz biegen.

Mandelgebäck

ZUTATEN

400 g Rohmarzipanmasse, 200 g Puderzucker, 40 g gehacktes Orangeat,
20 g gehacktes Zitronat, 1 TL Rum, 1 Eiweiß,
150 g geröstete Mandelblättchen, 100 g Aprikosenkonfitüre

1. Den Backofen auf 180°C vorheizen. Das Marzipan mit dem Puderzucker verkneten, dann Orangeat, Zitronat, Rum und Eiweiß und etwa 100 g Mandelblättchen einarbeiten und kleine Kugeln daraus formen.

2. Auf ein mit Backpapier ausgelegtes Blech legen und in etwa 10 Minuten hellgelb backen. Sofort mit erhitzter und pürierter Aprikosenkonfitüre bestreichen und in den restlichen Mandelblättchen wenden.

Vanillekipferl

ZUTATEN

Für den Mürbeteig: 300 g Mehl, 250 g Butter, 100 g Puderzucker,
150 g geriebene Mandeln, 1 Ei, 1 Prise Salz, Mark von 1 Vanilleschote

Außerdem: ca. 50 g Zucker, Mark von 2 Vanilleschoten

1. Die angegebenen Zutaten zu einem Mürbeteig verkneten. In Folie wickeln und mindestens 30 Minuten kalt stellen. Den Backofen auf 175°C vorheizen.

2. Den Teig zu Rollen formen und jeweils dünne Scheiben davon ab-schneiden. Zu Kipferl formen und auf ein mit Backpapier ausgelegtes Backblech legen. Im Backofen in etwa 10 bis 15 Minuten hellgelb backen.

3. Zucker und Vanillemark vermischen und die heißen Kipferl sofort darin wenden.

Marillenaugen

ZUTATEN

Für den Mürbeteig: 180 g geriebene Mandeln, 220 g Mehl, 200 g Butter,
150 g Puderzucker, 1 Ei, 1 Prise Salz, Mark von 1 Vanilleschote, 1 Prise Zimt

Außerdem: 250 g Marillenkonfitüre (Aprikosenkonfitüre), Puderzucker

1. Die angegebenen Zutaten zu einem Mürbeteig verkneten. Zu einer Kugel formen und in Klarsichtfolie wickeln. Mindestens 30 Minuten kalt stellen. Den Backofen auf 160°C vorheizen. Backblech mit Backpapier belegen.

2. Den Teig dünn ausrollen und Kreise ausstechen. Aus der Hälfte der Kreise Ringe ausstechen. Hellgelb backen, die Kreise mit Aprikosenkonfitüre bestreichen und die Ringe darauf setzen (siehe Hagebuttenringerl Seite 72). Mit Puderzucker bestäuben.

Schokoladen-Ingwer-Würfel

ZUTATEN

Für den Rührteig: 250 g Butter, 200 g Zucker, Mark von 1 Vanilleschote,
1 Prise Salz, 1 EL frisch geriebene Ingwerwurzel, 4 Eier,
175 g Mehl, 1 TL Backpulver, 150 g grobgeraspelte dunkle Kuvertüre,
200 g geriebene, leicht geröstete Haselnüsse

Außerdem: ca. 250 g Aprikosenkonfitüre, 2 cl Aprikosengeist,
200 g dunkle Kuvertüre, 50 g Sahne, Haselnüsse oder Pistazien zum Garnieren

1. Die weiche Butter mit Zucker, Vanillemark, Salz und Ingwer cremig rühren. Nach und nach die Eier dazugeben und zu einer dickschaumigen Masse schlagen. Mehl, Backulver, Kuvertüre und Haselnüsse vermischen und unter die Schaummasse rühren. Den Backofen auf 175° C vorheizen.

2. Den Rührteig gleichmäßig fingerdick auf ein gefettetes Backblech streichen und im heißen Backofen etwa 30 Minuten backen lassen.

3. Aprikosenkonfitüre mit 2 EL Wasser und dem Aprikosengeist erhitzen und mit dem Stabmixer fein pürieren. Auf die gebackene, noch heiße Kuchenplatte streichen.

4. Die Kuvertüre über einem heißen Wasserbad schmelzen lassen. Herausnehmen und die Sahne unterrühren.

5. Den Kuchen mit Kuvertüre überziehen und kurz vor dem Erstarren mit einem großen Messer, das man zwischendurch immer wieder mal in heißes Wasser taucht, in 2 ½ cm große Würfel schneiden. Jeweils in die Mitte eine gehäutete Haselnuß oder eine geschälte Pistazie drücken.

SCHUHBECKS TIP

Echte Ingwerfans garnieren die Schokoladen-Ingwer-Würfel mit kandierten Ingwerstückchen oder mit Ingwerstäbchen. Auch kandierte Orangenscheiben, in Stückchen geschnitten, sehen als Garnitur hübsch aus.

Christstollen

ZUTATEN

Für den Hefeteig: 50 g Zitronat, 50 g Orangeat, 300 g Rosinen,
50 g geschälte, gehackte Mandeln, 70 ml Rum, 500 g Mehl, 40 g Hefe,
⅛ l lauwarme Milch, 2 Eigelb, 1 Ei, 70 g Zucker, 1 Prise Salz,
je 1 TL abgeriebene Zitronen- und Orangenschale, 1 TL Stollengewürz,
Mark von 1 Vanilleschote, 250 g Butter
Außerdem: 250 g flüssige Butter, Puderzucker zum Bestäuben

1. Zitronat, Orangeat, Rosinen und Mandeln mit Rum begießen und etwa 30 Minuten einweichen.

2. Das Mehl in eine Schüssel sieben und in die Mitte eine Mulde drücken. Die Hefe in der Milch auflösen und hineingießen. Mit etwas Mehl verquirlen und mit einem Tuch bedeckt etwa 20 Minuten gehen lassen.

3. Eigelb, Ei, Zucker, Salz, Zitrusschale, Gewürze und Vanillemark sowie die Butter in kleinen Stücken zum Teig geben.

4. Am besten in einer Küchenmaschine mindestens 15 Minuten durchkneten. Dann die eingeweichten Früchte mit der Einweichflüssigkeit unterkneten und mit einem feuchten Tuch bedeckt an einem kühlen Ort 1 Stunde gehen lassen.

5. Erneut kräftig durchschlagen und nochmals zugedeckt 1 Stunde gehen lassen. Noch einmal durchkneten, dann in zwei Portionen teilen, zu Kugeln formen und zugedeckt 15 Minuten gehen lassen.

6. Jede Teigkugel auf einer bemehlten Arbeitsfläche zu einem Rechteck in Stollenform ausrollen. Die Längskanten sollten einen dickeren Rand haben. Beide Längskanten zur Mitte hin einschlagen und auf ein mit Backpapier ausgelegtes Blech legen. 15 Minuten gehen lassen. Den Backofen auf 170°C vorheizen und die Stollen nacheinander jeweils etwa 45 Minuten backen.

7. Noch heiß mit einem Teil der flüssigen Butter bestreichen und mit Puderzucker bestäuben. Diesen Vorgang mehrmals wiederholen, bis eine dicke Zuckerschicht ensteht.

Mandelstollen

ZUTATEN

Für den Hefeteig: 80 g kleingehacktes Orangeat, 20 g kleingehackter kandierter Ingwer, 100 g geschälte, gehackte Mandeln, 70 ml Rum, 500 g Mehl, 150 ml lauwarme Milch, 40 g Hefe, 3 Eigelb, 1 Ei, 60 g Zucker, 1 Prise Salz, 1 TL abgeriebene Zitronenschale, abgeriebene Schale von ½ unbehandelten Orange, 1 TL Stollengewürz, 250 g Butter, 150 g geriebene Mandeln, 50 g Marzipan

Außerdem: 250 g flüssige Butter, Puderzucker zum Bestäuben

1. Orangeat, kandierten Ingwer und Mandeln mit Rum begießen und etwa 30 Minuten einweichen.

2. Aus den übrigen Zutaten, wie im nebenstehenden Rezept beschrieben, einen Hefeteig zubereiten, lediglich zusätzlich noch Marzipan und geriebene Mandeln hinzufügen.

3. Am besten in einer Küchenmaschine mindestens 15 Minuten durchkneten. Dann die eingeweichten Früchte mit der Einweichflüssigkeit unterkneten und mit einem feuchten Tuch bedeckt an einem kühlen Ort 1 Stunde gehen lassen.

4. Erneut kräftig durchschlagen und zugedeckt 1 Stunde gehen lassen. Wieder durchkneten, in zwei Portionen teilen, zu Kugeln formen und zugedeckt 15 Minuten gehen lassen.

5. Jede Teigkugel entweder wie im nebenstehenden Rezept beschrieben zu Stollen formen oder in zwei Stollenformen füllen. 15 Minuten gehen lassen. Den Backofen auf 170°C vorheizen und die Stollen nacheinander jeweils etwa 45 Minuten backen.

6. Noch heiß mit einem Teil der flüssigen Butter bestreichen und mit Puderzucker bestäuben. Diesen Vorgang mehrmals wiederholen, bis eine dicke Zuckerschicht ensteht.

Register